谐文对联大观

杨传玉 著

哈尔滨出版社
HARBIN PUBLISHING HOUSE

图书在版编目（CIP）数据

语文对联大观 / 杨传玉著. — 哈尔滨：哈尔滨出版社, 2023.8
ISBN 978-7-5484-7400-5

Ⅰ.①语… Ⅱ.①杨… Ⅲ.①对联—中国—中小学—教学参考资料 Ⅳ.①G634.303

中国国家版本馆CIP数据核字(2023)第130339号

书　　名：	语文对联大观
	YUWEN DUILIAN DAGUAN
作　　者：	杨传玉　著
责任编辑：	韩伟锋
封面设计：	树上微出版
出版发行：	哈尔滨出版社（Harbin Publishing House）
社　　址：	哈尔滨市香坊区泰山路82-9号　邮编：150090
经　　销：	全国新华书店
印　　刷：	武汉市籍缘印刷厂
网　　址：	www.hrbcbs.com
E-mail：	hrbcbs@yeah.net

编辑版权热线：（0451）87900271　87900272
销售热线：（0451）87900202　87900203

开　　本：	880mm×1230mm　1/32　印张：9.5　字数：196千字
版　　次：	2023年8月第1版
印　　次：	2023年8月第1次印刷
书　　号：	ISBN 978-7-5484-7400-5
定　　价：	68.00元

凡购本社图书发现印装错误，请与本社印制部联系调换。
服务热线：（0451）87900279

前言

对联又称楹联,是中国传统文学中一种特有的极具代表性的雅俗共赏的艺术形式,在世界文学之林中也独树一帜。它发源于何时,说法不一,至今未有定论。至清代而达到其鼎盛时期,名联佳作大量涌现。以梁章钜《楹联丛话》为代表的对联专著的问世,在中国楹联史上具有划时代的意义。

对联的运用十分广泛,风景名胜、庭院书斋、祠庙府署、亭台楼阁皆有所见,有褒扬、讽喻、自勉、题赠等各种类型。它是中华文化中积淀厚重并且仍然活在现实生活中的一种传统文学形式。春节时家家户户都要张贴对联,举办婚丧大事时也要张贴对联,至少说明了即使是今天它也是与我们每个人息息相关的。

1932年,清华大学国文考试的试题仅两道,一为作文,题为"梦游清华园记",另一题为"对对子",对子所给的一半是"孙行者"三字。命题者是国学大师陈寅恪。陈寅恪解释命题的原则是:"其形式简单而涵义丰富,又与华夏民族语言文学之特性有密切关系。"他同时指出："凡能对上等对子者，其人之思想必通贯而有条理，绝非仅知配拟字句者所能企及。故可借之以选拔高才之士也。"梁启超说，好的对联，"能令人起无限的美感"。刘叶秋说过这样一句话："撰写楹联，看来虽是小道，却最能全面反映一个人的学问见识和运用文字的功夫。"

在现行小学、初中、高中的语文教材中，都渗透了传统国学的内容，对古典诗词、楹联、书画、戏曲、辞赋都有所涉及。记得初中时学过邓拓的一篇文章《事事关心》，开头就提到明代东林党领袖顾宪成撰写的一副对联：

风声雨声读书声，声声入耳；
家事国事天下事，事事关心。

上联生动地描写了自然界的风雨声和人们的读书声交织在一起的情景。下联则讲在书院中读书的人都要关心政治。寥寥22字，充分表明了当时的东林党人在政治上的抱负。而且，上联的风声雨声也可以理解为双关语，即兼指自然界的风雨和政治上的风雨。因此，这副对联的意义实在是相当深远的。这副对联的遗迹，在江苏无锡"东林书院"旧址还保留着。

对联是中华文化长廊中一串璀璨的明珠，具有浓厚的传统文化特色，最能体现出汉语的独有魅力。欣赏、拟写对联，不但要有丰厚的语文知识积累，还要有极强的语感和清晰的逻辑思维能力。它是一种语文综合素质与能力的体现，因此，对联题目也备受全国各地中、高考命题者的青睐。

例如2014年北京市中考卷：

前言

岳阳楼是江南三大名楼之一，范仲淹的《岳阳楼记》使其著称于世。下面是关于岳阳楼的一副对联，在横线处依次填入词语，将这副对联补充完整，正确的一项是（ ）

去老范一千年，后 __ 先 __ ，几辈能担天下事；
揽 _____ ，南来北往，孤帆曾系画中人。

A. 悲　喜　八百里大湖　B. 乐　忧　大湖八百里
C. 喜　悲　大湖八百里　D. 忧　乐　八百里大湖

（此命题材料出自近代诗人易顺鼎题湖南岳阳楼对联）

1987年高考语文试题：以"梨花院落溶溶月"为上句，下面四个句子中哪个能作为下句与它组成对偶句？选出最恰当的一个。

A. 柳絮池塘淡淡风　B. 榆荚临窗片片雪
C. 带水芙蕖点点雨　D. 丁香初绽悠悠云

（此命题材料出自北宋晏殊诗《寓意》）

2004年全国高考语文试卷出现了两道共4分的对联试题，2005年中央电视台春节联欢晚会又以对联来关联各块节目。一时间，对联这一中华民族独特的文学样式受到了国人格外的重视。2005年、2007年、2009年、2014年，对联试题在高考语文试题中屡有出现，呈现出热闹非凡的景象，更是把这一传统的命题方式推向了极致。命题形式灵活多样，使得这一传统的题目更焕发出时代的光彩色。如2014年高考语文试题（北京卷）：

3

"千门万户曈曈日，总把新桃换旧符。"贴春联是中国人过年时的一项传统民俗活动。人们通常在除夕这天，将写好的春联贴于门上。春联的字数可多可少，但上下联必须构成对仗，如四言联"春安夏泰，秋稔（rěn）冬祥"，六言联"冬尽梅花点点，□□□□□□"。春联寓意吉祥，言简意赅（gāi），深受人们喜爱。

春联是仅在春节这一特定时节张贴的对联，而对联还有其他种类，如婚联、寿联、挽联，以及为园林建筑甲（题写／题签）的楹（yíng）联等。对联的撰写，往往注重其乙（蕴涵／内涵）与品位。尤其是名联佳对，文辞讲究，意蕴丰富，丙（吟咏／涵咏）起来朗朗上口，齿颊留香。对联或镌（jùn）刻或书写，楷行隶篆，其中不乏艺术精品。

在文中方格处填入下列语句，恰当的一项是

A.万户杨柳依依　B.千家喜气洋洋

C.春回爆竹声声　D.春来微风缕缕

下列关于"对联"的表述，正确的一项是

A.字数限于四言和六言　　B.上下联讲究对仗和押韵

C.只适合在喜庆场合张贴　D.常常与书法艺术相结合

再如2014年山东卷：

用下面的短语组成两副有关春节和端午节的对联。要求：上下联各为七字，语意连贯，符合节日和对联特点，不得重复使用短语。

　　门上桃符　碧波竞舟　江边柳线　青艾驱瘴

　　迎春绿　十里欢　耀眼红　千家乐

前言

以上所举，说明中、高考命题者充分认识到了对联这种古老的文学样式对于青少年学生提升语文素养、培养高雅情操的意义。对此，我们又怎能无动于衷呢？

2016年10月，教育部考试中心正式下发《关于2017年普通高考考试大纲修订内容的通知》，其主要修订内容之一为："增加中华优秀传统文化的内容，积极培育和践行社会主义核心价值观，充分发挥高考命题的育人功能和积极导向作用。"中华传统文化丰富多彩，博大精深。在平时的语文教育教学中对中小学生渗透包括对联在内的中华传统文化的内容，语文教师责无旁贷。

笔者是一位高中语文教师，教书育人三十余载。自幼喜爱文学，对对联这一古老艺术也情有独钟。最初也是从春节时家家户户都要张贴的对联开始的，春联是中国人的民俗符号。红色的春联，或黑色或金色的字迹，渲染着春节喜庆、热闹、祥和的气氛。如今，人民生活水平提高了，文化生活也日益丰富多彩，但春节贴春联，仍是生活之必需。试想，如果哪一天，过年时到处都没有了对联，任凭你鞭炮响个不停，缺少了视觉上的渲染，年的文化味恐怕无论如何也出不来的。在教学过程中，笔者不断接触到一些对联作品，阅读到有关对联的书籍，更深感欣赏和创作对联不仅能增长知识，陶冶情操，提高鉴赏水平，而且有助于学生语文素养的提升。笔者尝试着把对联引入课堂，引导学生学习、欣赏这些古今佳联，学生兴趣盎然，深感收获颇丰。故此，笔者把多年来搜集整理的与语文教材、语文教学的有关对联，编成了《语文对联大观》一书。撰写这些文稿，费时良多，多在暑假或寒假。炎炎夏日，数九寒冬，徜徉在书林名联之中，漫游于学海佳句之间，直觉赏心悦目，顿感三冬日暖，暑气全消。

本书着眼于对联与语文课文之关系，着重选取与中小学语文教材相关的对联作品，按作者姓名音序排列先后，分4部共43位作者。各部按作者生活年代先后排序，以便于读者阅读检索。每位作者都由"语文名片""名联赏析""拓展链接"三个部分组成。"语文名片"主要介绍作者的生平事迹、文学成就及选入语文教材的作品等；"名联赏析"则选取那些文质兼美的名联佳作加以细致讲解，标准首先是思想性和艺术性的高度完美统一，对其中包含的典故、化用前人的名句，一一做出解释，对名联的内涵加以挖掘，力求做到学术性、知识性和资料性兼顾。"拓展链接"则尽量搜集与这位作者有关的对联，力争使所选对联在思想内容上或在艺术特色上皆有可观。

本书以青少年朋友为主要读者对象。相信通过本书，他们既能增加对对联这一中华传统文化的了解，又能得到艺术欣赏的精神愉悦。

虽然在编写过程中参考了多种对联资料，但由于笔者见闻不广，水平有限，所选难免有所遗漏，赏析可能浅陋迂拙，敬请读者批评指教。

杨传玉
2017年初稿
2021年改于菏泽

目录

B部 001

　　白居易 001
　　冰　心 009
　　巴　金 015

C部 018

　　曹　操 018
　　曹雪芹 023

D部 031

　　杜　甫 031

F部 040

　　范仲淹 040

G部　047

　　郭沫若　047

H部　059

　　韩　愈　059

K部　064

　　孔　子　064

L部　071

　　李　白　071

　　柳宗元　084

　　李清照　088

　　陆　游　094

　　罗贯中　098

　　林则徐　104

　　梁启超　113

　　鲁　迅　127

　　老　舍　138

目录

M部　143

孟　子　143

O部　147

欧阳修　147

P部　154

蒲松龄　154

Q部　159

屈　原　159
秋　瑾　166

S部　173

司马迁　173
苏　轼　186
施耐庵　199
史可法　203
孙　犁　210

T部　213

陶渊明　213

W部　218

王羲之　218

王　勃　223

文天祥　228

闻一多　234

X部　238

辛弃疾　238

徐志摩　242

Y部　248

岳　飞　248

郁达夫　260

叶圣陶　266

Z部　270

庄　子　270

诸葛亮　274

朱自清　284

臧克家　288

B部

——白居易——

【语文名片】

白居易（772年—846年），字乐天，晚年号香山居士，下邽（今陕西省渭南县境）人。

白居易是杰出的现实主义诗人，他所生活的年代，正是安史之乱后各种矛盾冲突急剧发展的时期，也是唐朝走向衰微的时期。错综复杂的社会现实，在白居易的诗中得到了较全面的反映。今存诗作近三千首，数量之多在唐代诗人中首屈一指。他主张"文章合为时而著，歌诗合为事而作"，领导元稹、张籍、王建等人开展了新乐府运动。他的诗作主要有两个方面：一是政治讽喻诗，一是以《长恨歌》《琵琶行》为代表的长篇叙事诗。著有《白氏长庆集》七十一卷。

《赋得古原草送别》《钱塘湖春行》《忆江南》《卖炭翁》《琵琶行》等入选中小学语文教材。

【名联赏析】

九江琵琶亭联

一弹流水一弹月；
半入江风半入云。

——董云岩

此联为清代董云岩集唐人诗句而成。

联语暗用白居易《琵琶行》诗意，引发人们怀古之幽情，使眼前古迹倍增魅力。全联仅十四字，读来却使人如见白居易笔下的琵琶女，那弹出的琴声，如流水之悠悠，如明月之皎皎，"说尽心中无限事"。优美的旋律，真可令"主人忘归客不发"。上联有两个"一弹"，将曲调的优美而多变刻画得活活脱脱；下联两个"半入"将琴声的效果表达得淋漓尽致。此为集句联。上联出自唐卢仝《风中琴》诗："一弹流水一弹月，水月风生松树枝。"下联出自唐杜甫《赠花卿》诗："锦城丝管日纷纷，半入江风半入云。"

这副集句联以轻淡的笔触看似不经意地对琵琶亭进行了有情有景的刻画与描摹，却给人留下许多想象的余地。上联扣住"琵琶"，连用两个"一弹"，使人自然想起当年琵琶女哀婉悲切的心情以及感人泪下的弹奏场面。"流水""月夜"，更是令人回味无穷。下联扣住弹奏的曲韵写，通过"江风""云"展示了琵琶女那哀婉凄绝的内心世界。此联极妙，主题是琵琶亭，不写亭写琵琶，又抛开琵琶而写所弹的"流水"和"月"；下联写声,不说声而写"入风""入云",以此铺陈,真乃神来之笔。集句如此,可谓"文章本天成,妙手偶得之"了。

琵琶亭联(九江)

灯影幢幢,凄绝暗风吹雨夜;
荻花瑟瑟,魂销明月绕船时。

——金安清

此联为清代道光年间湖北督粮道金安清撰。

上联化用元稹诗《闻乐天左降江州司马》诗意,是元稹贬居通州听到好友白居易也被贬的消息时写的。全诗如下:"残灯无焰影幢幢,此夕闻君谪九江。垂死病中惊坐起,暗风吹雨入寒窗。"诗的中间两句叙事抒情,首尾两句写景,情景交融,更显得凄楚动人,表达了作者对朋友的深切关怀。此联的上联化用本诗首尾两句的景语,在一个凄风苦雨的夜晚,残灯无焰,灯影幢幢,在垂死的病榻上,诗人听到好友被贬的消息,惊骇地坐起,心中的伤痛之情和对朋友的关切之情,在凄清景物的衬托下,更加震撼人心。

下联化用白居易《琵琶行》中的诗句"浔阳江头夜送客,枫叶荻花秋瑟瑟""去来江口守空船,绕船月明江水寒"的意境,"魂销"是情语,就是"销魂",即"愁断肠"的意思。荻花瑟瑟,枫叶萧萧;秋江寒夜,冷月无声。景物的萧瑟、凄清更衬托出人物孤苦、伤感的心情。

苏州白公祠

唐代论诗人,李杜以还,唯有几篇新乐府;
苏州怀刺史,湖山之曲,尚留三亩旧祠堂。

——贺长龄

贺长龄此联,表现了苏州人民对白居易的深情厚谊。"李杜以还",即"李白、杜甫以后","湖山之曲"相当于说"湖山一角"。上联称道"唐代"若"论诗人"的话,"李杜以还","唯有"写过"几篇新乐府"的白居易了。这是说他的诗歌成就和诗史地位。下联写他为苏州刺史的政声。"苏州"人民怀念这位爱民的"刺史",至今保留着为他修建的"旧祠堂"。至此,苏州人民对白居易的真情实意,便跃然纸上了。

本联在评价人物的历史地位时,实事求是,恰到好处。若把白居易写成唐诗第一人,是明显的过誉;若写成不如李杜,又欠赞颂之意。本联不排名次,只李杜以后的诗人只有白居易的乐府可以称道,处理非常巧妙。

【拓展链接】

白居易故里(新郑)
化雨当年,千秋新乐府;
春风到处,万里旧家山。

——徐俊杰

琵琶长恨，绝唱耀诗坛，讽世争传新乐府；
梦幻童年，遗踪辉故里，读碑永忆白香山。

——平立滨

白居易祠（杭州）
明月来相照；
好风与之俱。

——阮元集句

但是人家有遗爱；
曾将诗句结风流。

——阮元集句

白居易祠（苏州虎丘）
枫叶四弦秋，怅触天涯迁谪恨；
浔阳千尺水，勾留江上别离情。
【注】怅触：音 chéng chù，触动。

湖山今胜地；
唐宋古诗坛。

——董国华

袖中吴郡新诗本；
襟上杭州旧酒痕。

——何绍基集白居易诗

一序证前游，太白光芒神久在；
三章怀绝调，牡丹时节我刚来。

——彭春农

讽喻岂无因，乐府正声熟人口；

行藏何足辨，名山大业定生前。

——梁章钜

韦白二公祠（苏州）

崇祠与短簿为邻，胜占山塘，一代诗名齐翰苑；
治绩偕左司合轨，芳骞沼沚，千秋香火永苏州。

——张荣培

【注】祀韦应物、白居易。骞：音qiān，拔。沚：音zhǐ，水中的小块绿地。

唐宋五贤祠（苏州虎丘）

朝烟夕霭，诸岚收万丈之奇，公等文章俱在；
雅调元衿，异代结千秋之契，谁堪俎豆其间。

——陈元素

【注】建于明代，祀韦应物、白居易、刘禹锡、王禹偁、苏轼。

白苏二公祠（常熟）

中有仙龛虚一室；
更邀明月作三人。

——齐彦槐集白居易、苏轼诗

白居易祠（九江）

琵琶千古恨；
枫叶一江秋。

——刘文约

琵琶亭联(九江)

松菊荒矣，游子不归，片帆过彭泽故居，只如画云山，猿鸟岗头呼负负；
枫荻萧然，美人何在，落日访江亭遗迹，听清秋弦索，虾蟆陵下唤卿卿。

——江峰青

忽忆故乡，为问买茶人去否；
只余风月，依然司马客归时。

——汪龙光

司马不来，相逢何必曾相识；
佳人何在，此时无声胜有声。

——罗元贞

红袖夜船孤，虾蟆陵边，往事悲欢商妇泪；
青衫秋浦外，琵琶筵上，一时怅触谪臣心。

——启功

青衫湿尽非因泪；
红豆抛残别有情。

——蒋调元

荻花枫叶令千古；
红袖青衫彼一时。

——佚名

乌鹊南飞，大江东去；
美人何在，佳句长存。

——陆伟廉

旧迹苍茫，枫叶荻花何处有；
新亭秀出，青衫红袖几人邻。

——陆伟廉

亭起我重来，犹觅梦中红泪，眼下青衫，天涯萍迹同情处；
曲终人不见，独留岸畔荻花，江心秋月，水面烟波似旧时。

——关成玉

白居易墓（洛阳南山）
为生民忧直言极谏；
得山水乐饮酒赋诗。

——王遐举

白傅无私，搜来国恤民瘼，千载流传新乐府；
青山有幸，邀得清风明月，一抔长伴老诗人。

——周仁济

笔诤时政，心在苍生，万户争传新乐府；
堤建西湖，神归东洛，千秋永祀老诗翁。

——龚依群

西湖筑白堤，龙门开八滩，倡乐府诗讽喻，志在兼济天下；
履道凿圆池，香山卧石楼，援丝竹赋青山，乐于独善其身。

——周而复

白香山祠（四川忠县）
多于贾谊长沙苦；
莫作忠州刺史看。

——沈幼岚集句

江西百花洲集句联
枫叶荻花秋瑟瑟；
闲云潭影日悠悠。

B部

——冰 心——

【语文名片】

冰心（1900年—1999年），福建长乐人，原名谢婉莹。中国现当代著名的作家、诗人、儿童文学家、翻译家和优秀的社会活动家。1921年加入文学研究会，努力实践"为人生"的艺术宗旨，出版了小说集《超人》、诗集《繁星》等。1923年赴美留学，曾把旅途和异邦的见闻写成散文寄回国内发表，结集为《寄小读者》，举世为之瞩目，至今仍声誉不衰。中华人民共和国成立后，除继续致力于创作外，还积极参加各种社会活动，曾任中国民主促进会名誉主席、中国文联副主席、中国作家协会书记处书记等职。十一届三中全会之后，迎来了生平第二次创作高潮。短篇小说《空巢》，曾获全国优秀短篇小说奖。作品数量多、内容丰富、创作风格独特，使得她的文学成就达到了一个新的境界，出现了一个壮丽的晚年景观。年近九旬时发表了《我请求》《我感谢》《给一个读者的信》等作品。1999年2月28日在北京医院逝世，享年99岁，被称为"世纪老人"。

《小橘灯》《荷叶·母亲》《观舞记》《笑》等曾入选中小学语文教材。

【名联赏析】

冰心故居（长乐）

知足知不足；
有为有弗为。

——谢子修

这是冰心（谢婉莹）的祖父谢子修集古人名言而成的自勉联，并作为教育后代的家训。上联的"知足"语本《老子》的"知足不辱"，即指对物质享受、名利、地位，要知道满足，不能贪求，知足才不致受屈辱。这里既包含"明哲保身"的思想，也蕴含着抑制非分欲求、保持身心和谐的合理内核。"知不足"语出《礼记·学记》："学然后知不足，……知不足，然后能自反也。"大意是说，只有通过学习，才能了解自己的不足，知道了自己的不足之处，才能反过来努力学习。"知不足"表现了积极的进取精神、强烈的求知欲望和谦虚好学的态度。对学问、对事业要不断进取，永不满足。

下联的"有为"是指有作为。语本《礼记·儒行》："爱其死以有待也，养其身以有为也。"即是说，珍惜生命，是为了等待发挥作用的机会；保养身体，是希望有所作为。这是儒家积极用世的态度。"有弗为",指坚决不做不符合正义道德的事。语本《孟子·离娄下》:"人有不为也,而后可以有为。"大意是说,人要有所不为,才能有所为。下联提出了有为与弗为的界限:对好事、善事、利国利民的事要积极做;对错事、恶事、损人利己的事,要坚持弗为。中国无产阶级革命家、教育家徐特立就"有为与弗为"给几名青年店员题写了一副赠联:"有关家国书常读,无益身心事莫为。"为人们修身养性指明了方向。

冰心曾对祖父的家训联做过独到的诠释:对有些事要知足,如生活上;对有些事则永不能知足,如学习、事业上;有些事一定要做,而有些事则是坚决不能做。她时时把此联挂在书斋内,以示谨遵祖训。

冰心燕园故居联

文藻传春水;
冰心归玉壶。

——冯友兰

冯友兰与冰心及其夫君吴文藻是挚友。1929年冰心与吴文藻喜结良缘。冯友兰闻知,甚以为喜,便撰此联以贺之。见到此联的人无不交口称赞,叫绝不已。原因是此联不但称赞冰心的名作《春水》写得好,文藻隽美,亦把吴文藻的大名美妙地嵌入其中,一语双关。吴文藻是江苏江阴人,留学美国,曾任驻日本的外交官。为人诚厚,学问满腹,后来任中央民族学院教授。下联"冰心归玉壶",不仅把冰心的大名嵌入其中,与文藻相映,还把唐代大诗人王昌龄的名句"洛阳亲友如相问,一片冰心在玉壶"引入联中,现实与典故巧相用,言简意赅,交相辉映,真是神来之笔,令人回味无穷。吴文藻与冰心见了此联,也很高兴,悬于卧室,久久不肯拿掉。

冯友兰题赠的这副贺婚联既嵌入了吴文藻与冰心的名字,也赞美了二人高尚的情操,确为佳联。

冰心书斋联

世事沧桑心事定;
胸中海岳梦中飞。

——梁启超手书集句联

这是一副集句联,集自龚自珍的代表作《己亥杂诗》。上联出自第149首:"世事沧桑心事定,此生一跌莫全非。"下联出自第33首:"少慕颜曾管乐非,胸中海岳梦中飞。"冰心年轻时一度沉迷于集龚句为诗、联。这副对联借龚自珍的诗句,来表露身居海外的她所蕴藏心底的一腔深情:尽管世事如沧海桑田,变幻莫测,但我却心事平静,镇定自若。为何有这般顽强的自制力?因为祖国在我心中,那滔滔东海、巍巍泰岱,伴我进入每天的梦境。这副对联抒发的是一个海外赤子对祖国母亲的依恋之情和深深怀念。

冰心在《我的童年》一文中曾经介绍过,1924年,她在美国养病的时候,曾写信到国内请人写此副对联。待表哥寄来后,冰心未料到竟是著名学者梁启超的手迹。当时,她尚未认识梁任公,能得到这位大名鼎鼎者的墨宝,自然欣喜不已。冰心先生将其视若珍宝,多少年来,无论是旅居于海外还是生活在国内,一直悬挂在自己的案头或床头。

教养全赖卿贤,五个月病榻呻吟,最可怜娇儿爱婿,死别生离,儿辈伤心失慈母;

晚近方知我老,四十载春光顿歇,那忍看稚孙弱媳,承欢强笑,举家和泪过新年。

——冰心代挽

冰心作为现代小说家、散文家、翻译家、诗人、中国儿童文学奠基人,其成名,固然与其天资聪颖、勤奋有关,但不可忽视的是与其母杨福慈及其家族的熏陶和培养有很大关系。在冰心的作品中,展现得最多的,最有感染力的,就是那温馨的母爱。而这种母爱自然来自她的慈母——杨福慈。杨福慈出身书香门第,从小受到良好的家庭教育和文化熏陶,从而被育成高文化素质、高品德修养的典型的贤妻良母。杨福慈在冰心出生后的30年中,一直陪伴、关怀、谆谆教导着儿女的成长。在冰心的作品中,处处渗透着母亲的影响。她在散文《南归——贡献给母亲在天之灵》一文中写道:"母亲的聪明正直,慈爱温柔,从她做孙女儿起,至做祖母止,在她四围的人对她的疼怜,眷恋,爱戴,这些情感,在我知识内外的,在人人心中都是篇篇不同的文字了。受过母亲调理,栽培的兄姊弟侄,个个都能写出一篇最真挚最沉痛的哀启。我又何必来敷衍一段,使他们看了觉得不完全不满意的东西?虽然没有写哀启,我却在父亲下泪搁笔之后,替他凑成一副挽联。我觉得那却是字字真诚,能表现那时一家的情感!联语是:教养全赖卿贤,五个月病榻呻吟,最可怜娇儿爱婿,死别生离,儿辈伤心失慈母;晚近方知我老,四十载春光顿歇,那忍看稚孙弱媳,承欢强笑,举家和泪过新年。"这些文字是解读这副对联最好的注脚。

【拓展链接】

冰心撰联
自死犹留兰气息;
他生宜护玉精神。

——1933年自题玉照

海阔天空气象;
风光月霁襟怀。

冰心书斋联
学如上水行舟,不进则退;
心似平原走马,易放难收。

赵朴初挽冰心联句
万口诵嘉言爱就是一切;
四方传妙笔文可耀千秋。

四川大学中文系挽冰心
一片冰心安在;
千秋童稚永存。

——巴　金——

【语文名片】

　　巴金（1904年—2005年），原名李尧棠，字芾甘，生于四川成都，祖籍浙江嘉兴。现代文学家，被誉为五四运动以来最有影响的作家之一，中国当代文坛巨匠。1927年完成第一部长篇小说《灭亡》，1929年在《小说月报》发表后引起广泛关注。主要作品有著名的"激流三部曲"《家》《春》《秋》"爱情三部曲"（《雾》《雨》《电》）和散文集《随想录》。1982年获得"但丁国际奖"。《家》是巴金的代表作，也是我国现代文学史上最卓越的作品之一。《鸟的天堂》《海上日出》《小狗包弟》《灯》等入选中小学语文教材。

【名联赏析】

云水巴山雨；
文章金石声。

——老舍

这是老舍先生在20世纪60年代书赠巴金先生的对联。上联点化唐人诗句"共话巴山夜雨时"，暗喻巴老为蜀中奇才；下联则赞扬巴老的文章饮誉海内外，定然会发出"金石"之声。对联非常巧妙地把"巴金"二字嵌入其中，令人叫绝。

乘激流以壮志抛家，风雨百龄，似火朝霞烧长夜；
讲真话而忧心系国，楷模一代，如冰晚节映太阳。

——流沙河

流沙河（1931年—2019年），原名余勋坦，四川金堂人，中国当代诗人，诗歌《就是那一只蟋蟀》曾入选中学语文课本。此联是流沙河应四川省作协巴金文学院所托而写，原是为巴金先生贺寿的，表达一个晚辈读者对先生的尊敬。

上联回顾年轻时读先生的"激流三部曲"的感受。先生风雨百龄，著作上千万字。小说中的年轻群体，以觉民和觉慧为代表，正像长夜破晓的朝霞，燃烧似火，驱逐黑暗。

下联以"讲真话"表先生之忧国，赞其晚节如冰透明，映日成彩。巴金的《随想录》是其讲真话的代表作品。它的可贵之处在于：在"文革"后极"左"思潮还禁锢着人们的思想时，巴金率先拿起笔来开始呐喊。巴金说"说的真话并不一定是真理，但真理是在真话的基础上产生的。"巴金说真话，是为了追求真理。

【拓展链接】

磊落坦诚讲真话；
冰心玉骨著文章。

——马识途

巴山蜀水育方寸；
金笔巨书照玉寰。

——陈韬

C部

——曹　操——

【语文名片】

　　曹操（155年—220年），字孟德，东汉末年著名的政治家、军事家和诗人。在政治军事方面，曹操消灭了北方的众多割据势力，统一了中国北方大部分区域，并实行一系列政策恢复经济生产和社会秩序，奠定了曹魏立国的基础。曹操一生戎马倥偬，军旅生活繁忙，但他"登高必赋，及造新诗，被之管弦，皆成乐章"。在文学方面，在曹操父子的推动下形成了以曹氏父子（曹操、曹丕、曹植）为代表的建安文学，史称"建安风骨"，在文学史上留下了光辉的一笔。有人评价他是"治世之能臣，乱世之奸雄"。代表作有《观沧海》《龟虽寿》《蒿里行》《短歌行》等。
　　《观沧海》《短歌行》等入选中学语文教材。

【名联赏析】

建功乱世三分局；
飨士奸雄八角台。

——安徽亳州八角台

翻检联集，在三国人物楹联中，关羽最多，诸葛亮居次，曹操则极少，这和几千年来传统评价对曹操的贬抑有直接关系。

各地古建筑楹联，涉及曹操的以贬为多。如四川关帝庙："击鼓听三挝，想老贼阿瞒，曾经夺魄；娱弦邀一顾，怜小乔夫婿，未免痴情。""阿瞒"是曹操的小名。杭州关帝庙联："与帝胄作股肱，蜀统帝尊，一代忠贞留汉印；为人臣诛僭乱，曹瞒虽诈，千秋肝胆照秦台。"也有赞扬的，还是杭州关帝庙联："匹马单枪出许昌，大丈夫直视中原无名将；备酒赐袍饯灞陵，真奸雄岂知后世有贤声。"曹操惜才，无法留住"人在曹营心在汉"的关羽，便于灞陵设宴饯行，并以绛袍相赠。

安徽亳州东汉时称沛国谯县，是曹操的故乡，至今尚存故宅、祠庙、园林、家族墓群和军事设施等与曹操有关的许多遗迹。市区南三里，有曹操筑以检阅和奖赏将士的高台，称"八角台"，对联"建功乱世三分局；飨士奸雄八角台"中"飨士"为赐赏、犒赏将士之意。一般故里的人是不直言批评的，此联的"奸雄"指称大概是受旧时正统观念的史观影响。

擅权夺位，借刀杀人，粉面变舞台奸相；
治国统军，当机立断，阿瞒实旷代英雄。

——田翠竹

田翠竹（1913年—1994年）号寿翁，湖南湘潭人。以诗、词、联著名。

上联写舞台上的做尽坏事的反面形象，下联写历史上真实曹操的正面业绩。评价不失公允。

文章贯古今，论汉魏当时，不输七子，
武略兼天下，逢孙刘合力，才让三分。

历史对曹操从来都是褒贬不一，有人说他是"治世之能臣，乱世之奸雄"，有人说他是"非常之人，超世之杰"，苏轼说他"平生奸伪"，鲁迅说他"是个英雄"。人们从不同的方面去议论他，甚至是丑化他，使得曹操的身上被烙上了太多的印记，唯有在文学的领域里，人们才达成了一致，因为曹操的文学才华无人能够否定。此联高度评价了他的文韬武略，评语颇为精当。

建安七子，是汉建安年间（196年—220年）七位文学家的合称，包括孔融、陈琳、王粲、徐幹、阮瑀、应场、刘桢。这七人大体上代表了建安时期除曹氏父子（即曹操、曹丕、曹植）外的优秀作者。他们对于诗、赋、散文的发展，都曾做出过贡献。建安七子与"三曹"往往被视作三国时期文学成就的代表。

【拓展链接】

横槊赋诗，乌鹊南飞无魏地；
当歌对酒，大江东去有周郎。

——魏武帝庙

身后本须防，疑冢尚存兵法意；
生前乐未尽，招魂犹用美人妆。

——魏武帝庙

无穷乌鹊尽南飞，号令不惊汉天子；
如若赤心尊北面，言谈何比鲁周公。

——魏武帝庙

官渡胜，赤壁败，胜由火败亦由火；
碣石诗，长江槊，诗属公槊也属公。

——曹平

北平袁绍，南拒孙刘，青梅煮酒间，问天下英雄有几？
因事设奇，唯才是举，铁槊赋诗处，笑人间霸业如何！

制诸侯遂挟天子，精谋略亦善辞章，毁誉并千秋，何从治乱？
纷争俱往矣，许当初吴蜀风流，几与同横槊赋诗，挥鞭观海？

扫黄贼而起青州，定乌桓又羞赤壁，江山横万里，谁是雄豪？
成败等闲之，纵半世三分功业，终难掩哭儿本性，遗令真怀。

酾酒临江，横槊凭栏，曹孟德赋诗；
紫盖黄旗，多应借得，魏武帝添词。

官渡一战统北方；
赤壁之后亦留名。

挟天子以令诸侯，曹操颇称大智慧；
定西川而图中原，诸葛真乃王佐才。

治世能臣，乱世奸雄，武并汉秦一帝；
对酒当歌，登高必赋，文开魏晋先河。

——曹雪芹——

【语文名片】

曹雪芹（约1715年—约1764年），清代小说家。名霑，字梦阮，号雪芹、芹圃、芹溪。祖籍辽阳，先世原是汉族，后为满洲正白旗包衣（家奴）。曾祖父曹玺，祖父曹寅，父辈的曹颙和曹頫相继担任江宁织造达60余年之久，颇受康熙帝宠信。后曹頫被革职入狱，家产抄没，举家迁回北京，家道从此日渐衰微。他深感世态炎凉，更清醒地认识了封建社会制度的实质。从此远离官场，无视权贵，生活一贫如洗。他能诗会画，擅长写作，以坚韧不拔的毅力专心致志地从事小说《红楼梦》的写作和修订，披阅十载，增删5次，写出了这部把中国古典小说创作推向巅峰的文学巨著。

《红楼梦》以其丰富的内容、曲折的情节、深刻的思想认识、精湛的艺术手法成为我国古典小说中现实主义艺术的高峰。曹雪芹是当之无愧的语言大师，后人学习《红楼梦》，研究《红楼梦》，已成为一门学问，称为"红学"，这在文学史上极为罕见。今传《红楼梦》120回，其中前80回为曹雪芹所写，后40回为高鹗所续。

《葫芦僧判断葫芦案》《林黛玉进贾府》等入选中学语文教材。

【名联赏析】

曹雪芹自题联

高山流水诗千首；
明月清风酒一船。

——曹雪芹自题（另一说为题砚联）

此联自题，原为作者故居联，表现了作者期盼能以诗酒为伴、寄情于山水、乐其所乐的生活理想和高洁志趣。上联谓上乘的诗作唯有对知音方连篇迭出。"高山流水"，指《列子·汤问》所说伯牙鼓琴，子期听琴，曲高和寡，知音难觅的故事，联语借此道出千篇诗作只有知己才知个中之意。这同写《红楼梦》"满纸荒唐言，一把辛酸泪。都云作者痴，谁解其中味"的心绪有相似之处。下联说，明月对酌，临风把酒，荡舟江湖，真有酒仙之态。杜甫说"李白斗酒诗百篇"，曹雪芹有"酒一船"，难怪佳篇盈千了。诗酒生涯看似高雅，但往往是不满现实的曲折反映，曹雪芹何尝不是如此！此联对仗工稳，用语清隽，意境高远，不愧为名家高手之作。

题砚联注：据说曹雪芹写《红楼梦》时，使用一方广东肇庆端砚。此砚呵气生水，久久不干；研墨滑嫩，光泽漆亮。曹雪芹视之为至宝，取名"怡红冷翠"，并在砚上刻上此联。当时他虽过着"满径蓬蒿老不华，举家食粥酒常赊"的穷困生活，但他不颓丧，仍以饱满的激情、磅礴的气势，描绘着大观园的宏图，终于产生了这"气势如高山流水，文笔如明月清风"的鸿篇。第一回"蓬牖茅椽，绳床瓦灶，未足妨我襟怀；况对着晨风夕月，阶柳庭花，更觉润人笔墨。"这就是他的自我写照，也是此联的注脚。现此砚珍藏于国家博物馆。

假作真时真亦假；
无为有处有还无。

——曹雪芹题《红楼梦》太虚幻境

这是作者在小说《红楼梦》第一回中为"太虚幻境"撰写的一副对联。作品借"贾雨村"即"假语村言"将"真事隐去"（即甄士隐），目的就在于故意以"甄"乱"贾"，以假作真。尽管太虚幻境是假的，但涉及的人物及他们的命运都是真的、实有的。"假"与"真""无"与"有"、缥缈虚无的幻境与纷纭杂乱的现实交织在一起，造成一种真真假假、虚虚实实的艺术氛围，扑朔迷离，令人难以辨别。联语提醒世人，当处处警觉，时时清醒，谨防上当，务辨真假。

宝鼎茶闲烟尚绿；
幽窗棋罢指犹凉。

——曹雪芹题《红楼梦》大观园潇湘馆

联出《红楼梦》第十七回，描写贾政游大观园时，宝玉应命题写此联。此联现悬于上海市青浦区淀山湖畔大观园潇湘馆，此园据《红楼梦》仿建。潇湘馆周围"数楹修舍,有千百竿翠竹遮映"。上联谓:宝鼎不再煮茶,因翠竹遮映,扇动中似乎还冒着绿色的轻烟。"宝鼎",指煮茶的鼎炉。"茶闲",谓茶罢。下联谓:棋局虽已结束,由于竹荫生凉,手指好像仍有凉意。"幽窗",光线比较幽暗的窗边。联语刻画品茶、下棋等日常活动,十四个字中没出现一个"竹"字,却把翠竹给人的感受形象地勾勒了出来,作者借此反映贾宝玉与其父及众清客在思想、才情上的鲜明对立,从一个侧面显示其叛逆精神。雅联中足见作者体察事物之细腻、塑造人物之匠心,也表现了作者的闲情逸致。

这副对联精巧雅致。正如脂砚斋所评:"'尚'字妙极,不必说竹,然恰恰是竹中精舍。'犹'字妙,'尚绿''犹凉'四字便如置身于森森万竿之中。"

绕堤柳借三篙翠;
隔岸花分一脉香。
————曹雪芹题《红楼梦》大观园沁芳亭

联出《红楼梦》第十七回:"但见青溪泻玉,石磴穿云,白石为栏,环抱池沼,石桥三港,兽面衔吐。桥上有亭。"小说中贾宝玉所撰此联极具诗意,活现了大观园内沁芳亭的景致。"三篙",指水的深度,形容水很深。"一脉",指水的一条支流。港指桥下涵洞,三港即三孔。"兽面衔吐"谓石桥的栏杆上有兽面形的石雕,兽口多衔珠或环,姿态不同,联语说,泉水澄碧,似染上了满堤杨柳的翠色,清流芬芳,像分得两岸花儿的香气。联语写水景,却不见"水"字,而从"绕堤""隔岸""三篙""一脉"等描绘中透露出来。"借""分"两字极为传神,雅切工致,更见清新秀美。这种侧面暗示的手法是诗歌遣词炼句的一种技法。

赠曹雪芹

远富近贫,以礼相交天下少;
疏亲慢友,因财绝义世间多。

——鄂比

鄂比是曹雪芹非常要好的朋友。这是一副题赠联,它语意浅显,通俗易懂,概括了当时人与人之间待人处世的社会现实。一种是"远富近贫"以礼相交的人,一种是"疏亲慢友",为了钱财而断绝情义的人。正如谚语云:"穷在街头无人问,富在深山有远亲。""有酒有肉多兄弟,急难何曾见一人。"都是反映了当时社会的一些现实情况。

这副对联,属于骈体文句,对仗精工,平仄合律。用"远富近贫"对"疏亲慢友","以礼相交"对"因财绝义","天下少"对"世间多",名词对名词,动词对动词,平对仄,仄对平,相邻相近,恰到好处。尤其是一个"天下少",一个"世间多",不仅对得巧妙,而且寓意深刻,道出了世俗人情的一般见解,是题赠联中誉人与评事相结合的绝妙楹联,也是教人如何处世为人的至理格言,怪乎流传至今,仍吟诵不衰。

【拓展链接】

《红楼梦》对联集
玉在椟中求善价；
钗于奁内待时飞。
身后有余忘缩手；
眼前无路想回头。

座上珠玑昭日月；
堂前黼黻焕烟霞。

世事洞明皆学问；
人情练达即文章。

嫩寒锁梦因春冷；
芳气袭人是酒香。

春恨秋悲皆自惹；
花容月貌为谁妍。

琼浆满泛玻璃盏；
玉液浓斟琥珀杯。

厚地高天，堪叹古今情不尽；
痴男怨女，可怜风月债难偿。

麝兰芳霭斜阳院；
杜若香飘明月洲。

三径香风飘玉蕙；
一庭明月照金兰。

吟成豆蔻才犹艳；
睡足酴醾梦亦香。

芙蓉影破归兰桨；
菱藕香深写竹桥。

烟霞闲骨骼；
泉石野生涯。

肝脑涂地，兆姓赖保育之恩；
功名贯天，百代仰蒸尝之盛。

亭亭玉树临风立；
冉冉香莲带露开。

香魂一缕随风散；
愁绪三更入梦遥。

题曹雪芹
闺中清气消块垒，
梦里绮思荡浊魂

D部

——杜 甫——

【语文名片】

杜甫（712年—770年），字子美，自称少陵野老，河南巩县（今河南巩义西南）人。世称杜工部、杜拾遗，唐代伟大的现实主义诗人。他一生生活清贫，颠沛流离，但忧国忧民，人格高尚，一生写诗1400多首，诗艺精湛，被后世尊称为"诗圣"。官至左拾遗、检校工部员外郎，代表作有"三吏""三别"等，有《杜工部集》传世。热爱人民，永远是他诗歌的主题。纪念地有杜甫草堂、杜甫墓、杜公祠、杜甫公园、杜陵桥、杜陵书院等。

《秋兴八首（其一）》《咏怀古迹（其三）》《登高》《蜀相》《登岳阳楼》《旅夜书怀》《阁夜》《石壕吏》《茅屋为秋风所破歌》等入选中学语文教材。

【名联赏析】

杜甫墓（巩义市）

歌吟总带忧民泪，
颠沛仍怀爱国心。

杜甫生当大唐帝国从开元盛世朝着天下分崩的局势转化的时代，历经了战乱的颠沛流离，饱尝了人间的各种苦难，看尽了民众所遭受的困顿，因此，他的诗歌，尤其是中后期的诗歌作品，真实地记录了当时的所见所闻，将兵燹战火对社会造成的巨大破坏、给人民带来的深重苦难以及自己感同身受的深切忧患情怀尽皆倾注于笔端，而这些感人的笔触深深地打动了同时代乃至后世每一个读者的心灵。正因为这一点，杜甫的诗歌被人称作"诗史"。这副对联的作者并没有对杜甫的生平经历和诗歌成就做丝毫的介绍和夸耀，而是直截了当地对他的诗歌本质做出高度概括，由此凸显出他作为一个忧国忧民的"人民性"诗人的高大形象。

巩义市杜甫墓前还有另外一副对联，在写作手法上与此相同。

以忠爱为心，国步多艰，匡时句出惊风雨；
为生民请命，恫瘝在抱，警世诗成泣鬼神。

——龚依群

这副对联立意上与前一副对联有异曲同工之妙，但笔墨更浓烈,感情也更沉郁。联句中化用了杜甫本人的诗句"落笔惊风雨,诗成泣鬼神",因此更突出了杜甫作为"诗圣"的特点。

杜甫草堂联

诗史数千言,秋天一鹄先生骨;
草堂三五里,春水群鸥野老心。

——刘咸荥

刘咸荥(1858年—1949年),字豫波。成都双流人。清光绪二十三年(1897年)拔贡,曾任内阁中书。民国成都著名的"五老七贤"之一,李劼人的老师。他一生投身教育,也潜心劝善,身体力行,办刊物,施赈济,每天鬻字的收入,七成捐办赈济事业,三成家用。刘咸荥精通经史,尤长诗词书画,他的字遒劲飘逸,有黄庭坚书法的意趣。

这是刘咸荥题于四川成都浣花溪杜甫草堂的对联。杜诗被称为"诗史",草堂是指成都杜甫草堂,杜甫自称少陵野老,杜甫在自己的诗里也用"飘飘何所似,天地一沙鸥"来形容自己。此联文笔似乎疏朗清淡,但字里行间,却潜藏着千秋悲情,万古忧思。品之既有沉郁之悲怀,又有峻峭之气概。

异代不同时,问如此江山,龙蜷虎卧几诗客?
先生亦流寓,有长留天地,月白风清一草堂。

——顾复初

成都西郊浣花溪畔,是杜甫晚年的住处,名为"草堂",后人在此建了一座"工部草堂",亦称"杜工部祠"。祠中佳联

033

甚多，上联"异代不同时"句出自杜甫的《咏怀古迹》之二："怅望千秋一洒泪，萧条异代不同时。"原诗是悼念宋玉的，作者借用来悼念杜甫，紧扣"几诗客"一句，借用巧妙。下联紧扣"草堂"来写，写景写情，情文并茂。

锦水春风公占却，
草堂人日我归来。

——何绍基

此联为清人何绍基撰写，脍炙人口，为草堂名联，现悬挂于杜工部祠。上联写杜甫寓居于浣花溪边，风光明媚，环境幽美，杜甫的诗歌作品，将其优美风物写入诗章，千古传诵，使杜甫草堂与浣花溪相映生辉。下联则借杜甫与高适唱和诗《人日寄杜二拾遗》及《追酬故高蜀州人日见寄并序》的典故，以表达对前贤的景仰与追思。而联中以"公"与"我"相对，并用"归来"二字，乃是何绍基以继承杜甫自许，豪气万丈、语意含蓄、堪称巧构。此联一出，曾引起文人墨客仿效，于每年"人日"云集草堂，挥毫吟诗，凭吊诗圣，传为佳话。

世上疮痍，诗中圣哲；
民间疾苦，笔底波澜。

——郭沫若

此联是一代文学巨匠郭沫若于1953年撰写。杜甫常在其诗歌中，以疮痍喻战乱带给社会的灾祸，如："乾坤含疮痍，忧虞何时毕？""故老仰面啼，疮痍向谁数？"这副楹联，虽然只有16个字，但确实体现了郭沫若的大手笔，高度概括了杜甫写诗的一生，对他关心人民疾苦的现实主义创作态度，给予了充分的肯定。郭沫若先生对杜甫历来是十分推崇的。1962年，在纪念杜甫诞生1250周年的开幕式上，郭老还讲过："杜甫和李白是好朋友，他们在中国文学史上的地位就跟天上的双子星座一样，并列着发出不灭的光辉。"上联是说，唐代自安史乱后，由盛转衰，社会动荡，民生凋敝，杜甫振笔疾呼，揭穿社会病态、人间不平，真不愧为诗坛圣哲。下联则赞扬杜甫下笔吟哦，不忘百姓疾苦，写出的鸿篇巨制有如浪涛汹涌，震动人心。那种"歌吟总带忧民泪；颠沛仍怀爱国心"的意境跃然纸上。联中有诗味，笔力劲拔，所用四个方位词"上、中、间、底"，贴切而有韵致，使这副对联更具特色。

【拓展链接】

成都杜甫草堂对联
十年幕府悲秦月，
一卷唐诗补蜀风。

——高升之

地有千秋，南来寻丞相祠堂，一样大名垂宇宙；
桥通万里，东去问襄阳耆旧，几人相忆在江楼？

——沈葆桢

万丈光芒，信有文章惊海内；
千秋艳慕，犹劳车马驻江干。

——何宇度

侧身天地更怀古，
独立苍茫自咏诗。

——谢无量

水石适幽居，想溪外微吟，翠竹白沙依草阁；
楼台开暮景，结花间小队，野梅宫柳接春城。

——顾复初

草堂留后世，
诗圣著千秋。

——朱德

背郭堂成，锦里溪山千古在；
缘江路熟，青郊草木四时新。

——何宇度

题杜甫
沉郁著文章，诗笔自来称高古；
流离感人生，茅屋从此唱秋风。

杜甫衣冠墓（耒阳）
旅魂自是才相累；
闲骨何妨冢更高。

【注】集罗隐诗。

三贤祠（开封古吹台）
一览极苍茫，旧苑高台同万古；
两间容啸傲，青天明月此三人。

——麟庆

【注】祀李白、杜甫、高适。

词源倒倾三峡水；
笔阵横扫千人军。

杜子美祠（洛阳）
诗集大成谓之圣；
人传后世以其忠。

——张汉

杜甫祠（巴东）
秋高白帝闻啼鸟；
枫落巴山听断猿。

——王在晋

杜拾遗祠（湘中）
缅想忠贞，补阙拾遗犹昨事；
何来环佩，清辉香雾替诗魂。

——王蘧常

历下此亭古；
济南名士多。

——何绍基集杜诗题济南大明湖历下亭

气得神仙迥；
情依节制尊。

——祁隽藻集杜诗赠莘农兄

伯仲之间见伊吕；
先生有道出羲皇。

——滇南黎天才集杜工部句题武侯祠

侧身天地更怀古；
独立苍茫自咏诗。

——谢无量集杜甫诗题杜甫草堂

楚天不断四时雨；
花气浑如百合香。

东阁官梅动诗兴；
南极老人应寿昌。

——钟德祥集杜甫诗

歌辞自作风格老；
诗卷长留天地间。

剪取吴淞半江水；
安得广厦千万间。

——半淞园集杜甫诗联

锦江春色来天地；
玉垒浮云变古今。

——郑板桥集杜甫《登楼》诗句

吏情更觉沧州远；
诗卷长留天地间。

——吴棠集杜甫诗题成都杜甫草堂

三年奔走空皮骨；
万古云霄一羽毛。

——刘凤诰集杜甫诗题塞外居处

D部

天涯春色催迟暮；
玉垒浮云变古今。

——马一浮集杜甫诗

万里秋风吹锦水；
九重春色醉仙桃。

万牛回首丘山重；
鲸鱼破浪沧溟开。

——郭沫若集杜甫诗题浙江普陀山文物馆

新松恨不高千尺；
恶竹应须斩万竿。

——陈毅集杜诗题杜甫草堂诗史堂

F部

——范仲淹——

【语文名片】

范仲淹(989年—1052年),字希文,北宋杰出的政治家、文学家,世称"范文正公",有《范文正公文集》问世。范仲淹幼时丧父,生活艰辛,苦读及第,发动庆历新政失败,被贬为地方官,辗转于邓州、杭州、青州等地,后病逝于赴颍州途中。

范仲淹文学素养很高,写有著名的《岳阳楼记》,其中"先天下之忧而忧,后天下之乐而乐"为千古名句。他也留下了众多脍炙人口的词作,如《渔家傲》《苏幕遮》,苍凉豪放、感情强烈,为历代传诵。

《岳阳楼记》《渔家傲》《苏幕遮》等入选语文教材。

【名联赏析】

岳阳楼对联

四面湖山归眼底；
万家忧乐到心头。

——陈大纲

岳阳楼位于湖南岳阳西门城头，紧靠洞庭湖畔，始建于三国东吴时期。自古有"洞庭天下水，岳阳天下楼"之誉，与湖北武汉黄鹤楼、江西南昌滕王阁并称为"江南三大名楼"。范仲淹脍炙人口的《岳阳楼记》更使岳阳楼著称于世。

此联系嘉庆进士陈大纲根据范仲淹的《岳阳楼记》而写。上联概括地写范仲淹登上岳阳楼，登高望远，四围湖光山色尽收眼底。下联暗引《岳阳楼记》中"先天下之忧而忧，后天下之乐而乐"之名句，由眼观的湖山联想到百姓的忧乐，切景切事，抒发爱国情怀。自古以来，中国人就以"不在其位，不谋其政"来约束和规范自己的行为，但与传统相背，面对着怡人的秀丽风景，笼罩在诗人心头的却不是乐在山水间的愉悦，而是心系万千百姓的淡淡忧愁，这恰恰反映了诗人的境界和修养！写法上由实到虚，对仗工整，平仄相对，实是精彩。

范仲淹祠堂联

兵甲富于胸中，一代功名高宋室；
忧乐关乎天下，千秋俎豆重苏台。

——宋荦

宋荦（1634年—1713年），字牧仲，号漫堂、西陂，河南商丘人。商丘雪苑六子之一，清初著名诗人、书画家、文物收藏家和鉴赏家。

"俎豆"，俎(zǔ)和豆，都是古代祭祀时盛食物的礼器。引申为祭祀、奉祀、崇奉。"千秋俎豆"或"俎豆千秋"，是指后人永远祭祀供奉。在对联中多用于挽联或祠堂联。"苏台"即姑苏台。在苏州西南姑苏山上。因苏台地处苏州，故亦用以借指苏州。

范仲淹为苏州人，故苏州有其祠堂。宋荦所作苏州范仲淹祠堂联，精神全在"兵甲""忧乐"两句。范仲淹为西北主帅时，为西夏人所畏服，曾称誉"小范老子胸中自有数万甲兵"，是其一生功业之显者；所作《岳阳楼记》，有"先天下之忧而忧，后天下之乐而乐"句，为世倾赏，是其立言之大凡。故此联两句可概括其一生。宋室、苏台，点明时间地点，使全联周至而不寂寞，可抵一篇咏史诗。

岳阳楼长联

一楼何奇？杜少陵五言绝唱，范希文两字关情，滕子京百废俱兴，吕纯阳三过必醉，诗耶？儒耶？吏耶？仙耶？前不见古人，使我怆然涕下；

诸君试看：洞庭湖南极潇湘，扬子江北通巫峡，巴陵山西来爽气，岳州城东道岩疆，潴者！流者！峙者！镇者！此中有真意，问谁领会得来？

——窦垿

窦垿（1804年—1865年），出身书香门第，受祖、父辈影响，少怀壮志，发奋读书，主攻经济治世之学，成为国家栋梁之材。著作甚丰，有《示儿录》《续小学铢寸录》《多识录》《四余录》《游艺录》等，统名《晚闻斋稿》。尤以岳阳楼长联名闻天下。"窦联"后由何绍基书写，悬挂岳阳楼上。何绍基（1799年—1873年），字子贞，号东洲，湖南道州（今道县）人，道光十六年（1836年）进士，官编修，博涉群书，书法自成一家。后人把杜诗、范记、孟诗、窦联、何书，合称"五绝"。

这副对联的显著特点之一是：用问答手法指点江山，写出了洞庭湖的山川形势、地理环境。其显著特点之二是：用典多，作者借助名人典故、名人诗文名句、传说逸事，描情绘景，抚今追昔，淋漓尽致地抒发作者的情怀，内涵十分丰富。其显著特点之三是：排比法的运用颇富表现力，上下联用了两组排比句，从各个角度有层次地反映了岳阳楼的传说佳话和四周形势景象，揭示了岳阳楼雄伟奇特的缘由。

上联一开始就赞叹岳阳楼的奇伟，接着便历数典型史迹予以论述：首先点出的是杜甫的五言绝唱——为世人称道的《登岳阳楼》诗，让人们从中领略洞庭湖的浩瀚宏阔；其次点出使岳阳楼声誉倍添的范仲淹的佳辞妙句；再次提及岳阳楼的修建及范仲淹文中对滕子京政绩的评价；最后以吕洞宾的神话和陈子昂的诗句作结，从而把岳阳楼的奇伟美妙提到最高。在岳阳，流传着许多关于吕洞宾的神话传说及诗句。其中一首诗云："朝游北越暮苍梧，袖里青蛇胆气粗。三醉岳阳人不识，朗吟飞过洞庭湖。"作者把诗、儒、吏、仙几个方面的史迹、典故，巧妙地融入自己的联作之中，把岳阳楼的奇伟写到了绝处。然而作者到此笔锋顿转，移用陈子昂的佳诗妙句，借以发出不见前代贤才而悲伤感慨之情，寄寓着自己深沉的思想情感。

下联继续写岳阳楼之奇之美，不过不是借诗文典故，而主要是依据方位实写。登楼远眺，南可望潇湘，北可及巫峡，西可至巴陵山，东可穷山岩的边界。那宏阔的湖水，那滚滚奔腾的河流，那耸立的群峰，那雄镇一方的主峰均映入眼帘。作者写至此，切景着墨，发出了"此中有真意，问谁领会得来"一问，真是言虽尽而意无穷。

兵甲富胸中，纵教他虏骑横飞，也怕那范老小子；
忧乐关天下，愿今人砥砺奋起，都学这秀才先生。

——冯玉祥

1933年冯玉祥为山东益都县的范公亭题联。范仲淹曾镇守陕西，力挫西夏。西夏王喟然长叹："今小范老子胸中自有数万甲兵，不比大范老子（指范雍）可欺也。"范有名句"先天下之忧而忧，后天下之乐而乐"，故下联云尔。当时冯玉祥的革命事业受到挫折，但对联中充满了信心和决心，读来使人振奋。

【拓展链接】

岳阳楼对联
　　荆楚无双地；
　　湖湘第一楼。

——何绍基

F部

岳阳楼高巴蜀秀；
潇湘水满洞庭春。

——黄养辉

数着残棋江月晓；
一声长啸海天秋。

洞庭西下八百里；
淮海南来第一楼。

——徐小谷集句

后乐先忧，范希文庶几知道；
昔闻今上，杜少陵始可言诗。

——周元鼎

湘灵瑟，吕仙杯，坐览云涛人宛在；
子美诗，希文笔，笑题雪壁我重来。

——毕沅

放不开眼底乾坤，何必登斯楼饮酒；
吞得尽胸中云梦，方可对仙人吟诗。

——吴敏树

凭栏五月六月凉，人在冰壶中饮酒；
放眼千山万山晓，客从图画里题诗。

吴越自连空，把酒临湖，四面风云齐击水；
江山犹有待，凭栏骋月，万家忧乐总关情。

——李鉴吾

045

风物正凄然，望渺渺潇湘，万水千山皆赴我；
江湖常独立，念悠悠天地，先忧后乐更何人。

——杨度

舟系洞庭，世上疮痍空有泪；
魂归洛水，人间改换已无诗。

——朱德

去老范一千年，后乐先忧，几辈能担天下事
揽大湖八百里，南来北往，孤帆曾作画中人

——易顺鼎

诗惭杜叟，文愧范公，我来敢挥毫，空怀千古无双士；
地圻楚吴，气吞云梦，此去难为景，曾上九州第一楼。

——羊春秋

巍巍屹屹岳阳楼，日骋游人千里目；
浩浩荡荡洞庭水，夜沉星斗一湖珠。

——夏中雄

滕王阁，黄鹤楼，鼎足而三，名震东南风物美；
洞庭波，君山月，浑然合一，地临湘楚旅游佳。

范仲淹祠（岳阳）

秀才时朝斋暮盐，便天下为己任；
庙堂上先忧后乐，微斯人其谁归。

——张汉

题范仲淹

喜忧世间情，应辨孰先孰后，八百里洞庭长慕先生风；
进退寻常事，无论在朝在野，三千尺衡山每高贤士节。

G部

——郭沫若——

【语文名片】

郭沫若（1892年—1978年），现、当代诗人、作家、历史学家、古文字学家。原名郭开贞。出版有诗集《星空》《瓶》《前茅》《恢复》，并写有历史剧、历史小说、文学论文等作品。其著作《中国古代社会研究》《甲骨文字研究》等开辟了史学研究的新天地。《棠棣之花》《屈原》等6部充分显示浪漫主义特色的历史剧，是他创作的又一重大成就。著有历史剧《蔡文姬》《武则天》，诗集《新华颂》《百花齐放》《骆驼集》，文艺论著《读〈随园诗话〉札记》《李白与杜甫》等。著作结集为《沫若文集》17卷本（1957年—1963年），新编《郭沫若全集》分文学（20卷）、历史、考古三编。许多作品已被译成日、俄、英、德、意、法等多种文字。

《天上的街市》《静夜》《雷电颂》《石榴》等入选中学语文教材。

【名联赏析】

孔子之前,无数孔子,孔子之后,无一孔子;
鲁迅之前,无一鲁迅,鲁迅之后,无数鲁迅。

——郭沫若挽鲁迅

1936年10月19日鲁迅先生病逝于上海,郭沫若撰写了此联。

将鲁迅先生和孔子并举对比,含义深刻。上联谓孔子绝后不空前,下联说鲁迅空前不绝后。

此联看似浅显,实则深刻。虽将鲁迅与孔子相提并论,却指出了二者的截然不同。因为"孔夫子之在中国,是权势者们捧起来的……和一般的民众并无什么关系"(鲁迅语),而鲁迅却是中国文化革命的伟人,其一生的业绩,与人民大众息息相关,既前无古人,又会对后世产生深远的影响,联中包含着作者的钦敬之情。鲁迅空前伟大,其思想为众人接受传播,无数个"鲁迅"正在中华大地崛起,高举鲁迅大旗,继承鲁迅事业将革命推向高潮。这是对亡故的鲁迅先生最好的哀悼与纪念。此联采用重言反复的修辞手法,表现出强烈的思想感情。重言叠唱,反复咏叹,对比鲜明,褒贬得体。考究郭沫若这副挽联,原来是套用了北宋书法家米芾的《孔子赞》:"孔子孔子,大哉孔子!孔子以前,未有孔子;孔子以后,更无孔子。孔子孔子,大哉孔子。"它是用重言反复的修辞手法,讴歌孔圣人的丰功圣德,可谓空前绝后吧!郭沫若化腐朽为神奇,巧拟米芾的《孔子赞》来赞扬鲁迅先生,既体现出时代的进步,又表现了文化的传承，可算一副含蕴深刻的挽联。

挽郭沫若

巨笔写春秋，何独屈子问天，文姬归汉；
雄才跨百代，岂让杜陵尊圣，太白称仙。

——白雉山

上联借用郭沫若新编历史剧《屈原》《蔡文姬》，称颂郭沫若在中国文坛上骁勇驰骋60年所做出的不朽贡献。下联巧妙用典，以中国历史上最伟大的两位诗人——诗圣杜甫和诗仙李白对比，肯定了郭沫若的才华是"跨百代"的。联语明白晓畅，称颂得当。

题韬奋图书馆

韬略终须建新国；
奋起还得读良书。

——郭沫若

此联是一副嵌字联，将"韬奋"二字分嵌在上下联的句首，巧妙得体。"韬奋"，即邹韬奋，新闻记者、政论家、出版家。主编《大众生活》，创办《生活日报》和《生活星期刊》。1944年7月病逝于上海。上联"韬略"，原指古代兵书《六韬》和《三略》，后用以称用兵的谋略，作者以此代指人民战争的节节胜利，并预言新中国终将出生。下联紧扣题意，解释进步书籍对革命成功的主要意义，同时又与韬奋为唤起大众而创办书店的事迹相关合。全联立意高远，题旨鲜明，以劲健之笔抒发了革命必胜的信心，表达了对同志的勉励。

江山如此多娇，飞雪迎春到；
风景这边独好，心潮逐浪高。

——郭沫若集毛泽东词

上联集自《沁园春·雪》《卜算子·咏梅》，下联集自《清平乐·会昌》《菩萨蛮·黄鹤楼》。

1964年3月21日的《光明日报》4版，刊出了郭沫若的《毛主席诗词集句对联》。这些集联长长短短，排版后错落有致，加上精细边框，显出一种别样的美感。我们可以看出，在集这批毛泽东诗词对联时，郭沫若是下了一番功夫的。总体说来，都达到了相当水准。其中的"飞雪迎春到，心潮逐浪高""梅花欢喜漫天雪，玉宇澄清万里埃""万马战犹酣，不周山下红旗乱；行军情更迫，黄洋界上炮声隆""长空雁叫霜晨月，大渡桥横铁索寒"都可谓意象浑成，成一新境界。可以说拓展了原诗词句的内涵，又赋予了它们新的意味。这样的集诗词句联，达到了很高的艺术水准，因而，产生广泛影响也是很自然的。

以诗词成句集联，本是文人的一种别样雅好，但是，这也足以显示集联者的知识面、旧诗词功底，以及丰富的联想能力等等。从以上郭沫若的集句联中，我们可以清晰感受到这一点。其中的许多副联，甚至可以见出郭沫若的急智巧思。另外，从这些集出的对联里，我们也很容易感受到郭沫若对毛泽东诗词的熟稔和喜爱程度。这些集句联中，许多与原句内涵和境界有很远距离,倘若不是十分熟悉,是很难将它们组合一起,达到形式完美并形成新的意味和浑成意境的。当然,毛泽东诗词本身,更是郭沫若得以集联成功的基本要素。

郭沫若的这副集联,形式完美,意境浑成,堪称绝佳。

【拓展链接】

郭沫若撰联
题鲁迅像
返国空余挂墓剑;
斫泥难觅运风斤。

韬奋故居(上海)
瀛谈百代传邹子;
信史千秋哭贾生。

题杜甫草堂花径
花学红绸舞;
径开锦里春。

题成都武侯祠过厅
志见出师表;
好为梁父吟。

题宁波天一阁
好事流芳千古;
良书播惠九州。

集杜甫诗题浙江普陀山文物馆
万牛回首丘山重;
鲸鱼破浪沧溟开。

题泰山岱庙
挟泰山以超北海;
驭大鹏而游南溟。

题广州白云山听涛亭
旭日朝霞红雨乱;
天风海水白云闲。

赠毛泽东
泽色绘成新世界;
东风吹遍旧河山。

赠鲁迅
英雄气魄云为被;
志士情怀海作家。

赠沈雁冰
胸藏万汇凭吞吐
笔有千钧任歙张

赠马寅初
枳棘成而刺；
担黎食之甘。

赠陈毅
天垮下来擎得起；
世披靡兮扶之直。

赠李可染
可否古今尽人事；
染点翰墨侔天工。

题四川江油李白故居纪念馆
酌酒花间，磨针石山；
倚剑天外，挂弓扶桑。

题史可法祠墓
骑鹤楼头难忘十日；
梅花岭畔共仰千秋。

题武侯祠诸葛亮殿

鞠躬尽瘁兮,诸葛武侯诚哉武;
公忠体国兮,出师两表留楷模。

集《离骚》题湖南汨罗屈子祠

集芙蓉以为裳,又树蕙之百亩;
帅云霓而来御,将往观乎四荒。

题济南辛稼轩纪念祠

铁板铜琶,继东坡高唱大江东去;
美芹悲黍,冀南宋莫随鸿雁南飞。

题济南李清照纪念堂

大明湖畔,趵突泉边,故居在垂杨深处;
漱玉集中,金石录里,文采有后主遗风。

挽罗荣桓

革命作前驱,功业千秋垂史册;
政工培后劲,忠诚百代树干城。

挽欧阳予倩

秋风黄花,一窗秋雨;
春雨杨柳,万户春风。

郭沫若旧居联(四川乐山)
事以利人皆德业;
言堪持赠即文章。

——郭沫若自箴

传家有道惟存厚;
处世无奇但率真。

——郭沫若自箴

郭沫若集毛泽东诗词联
飞雪迎春到;
心潮逐浪高。
(上联集自《卜算子·咏梅》,下联集自《菩萨蛮·黄鹤楼》)

安得倚天抽宝剑;
只识弯弓射大雕。
(上联集自《念奴娇·昆仑》,下联集自《沁园春·雪》)

不周山下红旗乱;
黄洋界上炮声隆。
(上联集自《渔家傲·反第一次大"围剿"》,下联集自《西江月·井冈山》)

不到长城非好汉;
敢教日月换新天。
(上联集自《清平乐·六盘山》,下联集自《七律·到韶山》)

红旗卷起农奴戟;
曙光初照演兵场。

（上联集自《七律·到韶山》，下联集自《七绝·为女民兵题照》）

借问瘟君欲何往；
冻死苍蝇未足奇。

（上联集自《七律二首·送瘟神其二》，下联集自《七律·冬云》）

枯木朽株齐努力；
万水千山只等闲。

（上联集自《渔家傲·反第二次大"围剿"》，下联集自《七律·长征》）

六月天兵征腐恶；
无限风光在险峰。

（上联集自《蝶恋花·从汀州向长沙》，下联集自《七绝·为李进同志题所摄庐山仙人洞照》）

牛郎欲问瘟神事；
吴刚捧出桂花酒。

（上联集自《七律二首·送瘟神其一》，下联集自《蝶恋花·问李淑一》）

三十一年还旧国；
百万雄师过大江。

（上联集自《七律·和柳亚子先生》，下联集自《七律·人民解放军占领南京》）

四海翻腾云水怒；
一山飞峙大江边。

（上联集自《满江红·和郭沫若同志》，下联集自《七律·登庐山》）

G部

喜看稻菽千重浪；
寥廓江天万里霜。

（上联集自《七律·到韶山》，下联集自《采桑子·重阳》）

中华儿女多奇志；
人间正道是沧桑。

（上联集自《七绝·为女民兵题照》，下联集自《七律·人民解放军占领南京》）

独有英雄驱虎豹；
敢教日月换新天。

（上联集自《七律·冬云》，下联集自《七律·到韶山》）

百万工农齐踊跃；
六亿神州尽舜尧。

（上联集自《蝶恋花·从汀州向长沙》，下联集自《七律二首·送瘟神其二》）

梅花欢喜漫天雪；
玉宇澄清万里埃。

（上联集自《七律·冬云》，下联集自《七律·和郭沫若同志》）

喜看稻菽千重浪；
跃上葱茏四百旋。

（上联集自《七律·到韶山》，下联集自《七律·登庐山》）

山舞银蛇，原驰蜡象；
鱼翔浅底，鹰击长空。

（上联集自《沁园春·雪》，下联集自《沁园春·长沙》）

惜秦皇汉武，略输文采；
数风流人物，还看今朝。

（上下联均集自《沁园春·雪》）

换了人间，百万工农齐踊跃；
太平世界，六亿神州尽舜尧。

（上联前句集自《浪淘沙·北戴河》，后句集自《蝶恋花·从汀州向长沙》；下联前句集《念奴娇·昆仑》，后句集《七律二首·送瘟神其二》）

万马战犹酣，不周山下红旗乱；
行军情更迫，黄洋界上炮声隆。

（上联前句集自《十六字令三首·其二》，后句集自《渔家傲·反第一次大"围剿"》；下联前句集自《减字木兰花·广昌路上》，后句集自《西江月·井冈山》。）

H部

——韩　愈——

【语文名片】

韩愈（768年—824年），字退之，唐河南河阳（今河南孟州南）人。自谓郡望昌黎，世称韩昌黎。早孤，由兄嫂抚养成人。刻苦自励，于贞元年间中进士。后官至吏部侍郎，又称韩吏部。卒谥文，又称韩文公。唐代古文运动的倡导者，宋苏轼称他"文起八代之衰"，明人推他为唐宋八大家之首，与柳宗元并称"韩柳"。李翱、皇甫湜、柳宗元都是韩愈古文运动的追随者和拥护者。

《马说》《师说》《祭十二郎文》《答李翊书》等入选中学语文教材。

【名联赏析】

韩愈祠（潮州）

起八代衰，自昔文章尊北斗；
兴四门学，即今俎豆重东胶。

——法式善

法式善（1752年—1813年），清代官吏、文学家。法式善曾参与武英殿分校《四库全书》，是我国蒙古族中唯一参加编纂《四库全书》的作者，著有《存素堂文集》《梧门诗话》《陶庐杂录》《清秘述闻》等。善书法对联。此为北京韩愈祠联。北京韩愈祠原在安定门内，元明清时为翰林礼部国子监所在地。

上联"起八代衰"，语出苏轼《潮州韩文公庙碑》赞韩愈句："文起八代之衰。""八代"指的是东汉以来的东汉、魏、晋、宋、齐、梁、陈、隋，这几个朝代正是骈文由形成到鼎盛的时代。一个"衰"字，表达了唐宋古文家对骈文的贬斥和不满。"北斗"，意指韩愈从古至今被尊为文坛领袖。到了唐代中叶，韩愈、柳宗元发起了声势浩大的古文运动，主张用散句单行的形式写作散文，使这种散文逐渐代替了此前的骈文，并持续千百年。在这场运动中，韩愈的开创之功是不可没的，并且以卓越的理论和创作实践，为古典散文的艺术生命注入了新鲜血液，为散文的历史发展开辟了一条康庄大道。"文起八代之衰"，这句话是苏轼对韩愈的赞誉，从韩愈在中国文学史上的地位和其文学成就看，并非过誉之辞。

下联"四门",即四方之门。古代于四门建学,设四门博士。"俎"是盛酒的礼器,"豆",是豆类植物的总称,引申为祭祀。"东胶",是古代学校名,此指韩祠所在的国子监。下联是说韩愈得到后人的敬仰。全联凝重敦雅,崇敬之情溢于言表。

韩愈祠(潮州)

天意起斯文,不是一封书,安得先生到此;
人心归正道,只须八个月,至今百世师之。

此联紧切潮州,移易他处昌黎祠不得。唐元和十四年(819年),唐宪宗遣人自凤翔迎佛骨入宫中,瞻奉舍施。韩愈(文公)上《论佛骨表》,"欲为圣明除弊事",谁知,"一封朝奏九重天,夕贬潮阳路八千",被贬为潮州刺史。虽只在这里待了八个月,但他的文学主张因际遇更得到加强,作为古文运动的倡导者,他被尊为百世之师。

韩文公祠(衡阳)

韩潮学派百川汇;
公起文章八代衰。

上联:"韩潮苏海"是历代品评韩愈苏轼为文风格的说法,谓唐韩愈和宋苏轼的文章如潮如海,气势磅礴,波澜壮阔。清俞樾《茶香室丛钞·韩海苏潮》:"国朝萧墨《经史管窥》引李耆卿《文章精义》云:'韩如海,柳如泉,欧如澜,苏如潮。'然则今人称'韩潮苏海',误矣。"杨毓煇《郑观应〈盛世危言〉

跋》:"观其上下五千年,纵横九万里,直兼乎韩潮苏海,则不啻读《经世文编》焉。""百川"当然是指韩愈学识渊博,广蓄并收。下联:"公起文章八代衰",见上文。

【拓展链接】

韩愈撰联
书山有路勤为径;
学海无涯苦作舟。

——出自韩愈的《古今贤文·劝学篇》

业精于勤而荒于嬉;
行成于思而毁于随。

——出自韩愈的《进学解》

题韩愈
文从字顺崛奇笔,岂止为名山事业?斯文可以载道;
气盛言宜磊落怀,实欲济天下浸溺!陈言其唯务去。

韩愈祠(孟州紫金山)
绝代文豪,当日孤军奋战;
无双遗产,如今万众观摩。

——胡乔木

辅义怀仁,道济天下之溺;
闳中肆外,文起八代之衰。

——顾学颉

文起八代,声扬中外,堪称河阳名士;
一封朝奏,名震寰宇,不愧神州伟人。

——尚振明

辟佛老、弘儒学、扬道德,仁义之风,心雄千古;
去陈言、扶大雅、正文章,绮靡之习,名重八家。

——潘力生

韩愈祠(普宁)
其文如北斗,皆企焉望之,况来刺史;
此地亦先生,所履而过者,旧属潮阳。

——劳光泰

韩愈祠(潮州)
佛骨谪来,岭海因而生色;
鳄鱼徒去,江湖自此澄清。

金石文章空八代;
江山姓氏著千秋。

——张丹叔

蓝关雪拥尚存疑,我识先生,万里初程来此土;
衡岳天开遥纪盛,人怀刺史,千秋元气在斯文。

——李士彬

辟佛累千言,雪冷蓝关,从此儒风开岭峤;
到官才八月,潮平鳄渚,于今香火遍瀛洲。

去京华万里,化蛮烟瘴雨,膏泽诗书,从此遂称名郡;
距唐代千年,扶古橡苍松,犹钦山斗,况在亲炙芳徽。

K部

——孔　子——

【语文名片】

孔子（前551年—前479年），名丘，字仲尼。儒家学派的创始人，古代思想家、教育家，被后世统治者尊为孔圣人、至圣、至圣先师等，是"世界十大文化名人"之首。其主要思想主张："仁"（孔子的思想核心）、"德"（以德教化人民）、"礼"（以礼治理国家）。儒家思想对中国和世界都有深远的影响，世界各地都有孔庙祭祀孔子。相传孔子曾修《诗》《书》《礼》《乐》，序《周易》，撰写《春秋》。孔子死后，其弟子及再传弟子把孔子及其弟子的言行语录和思想记录下来，整理编成著名的儒家学派经典《论语》。

《论语》成书于战国初年，全书共492章，13000余字，内容涉及政治、经济、伦理、教育、哲学、历史等各方面，是研究儒家及孔子思想的重要资料。作为儒家经典，《论语》的许多篇章成了我国各级各类教材首先吸纳的内容。

《季氏将伐颛臾》《子路、曾晳、冉有、公西华侍坐》等入选语文教材。

【名联赏析】

孔庙

气备四时,与天地日月鬼神合其德;
教垂万世,继尧舜禹汤文武作之师。

——乾隆

孔庙位于曲阜市中心,是历代祭祀孔子的地方。孔庙的对联很多,乾隆皇帝爱舞文弄墨,为大成殿写了两副对联,还写出了名,这是其中很有名的一副。上联化用《易》意,赞孔子道德崇高。谓其德行与天地相合,其光辉与日月相等,其进退与四季代谢一样井然有序,其奖罚与鬼神所降的吉凶相应。"气备四时",语见南朝宋刘义庆《世说新语·德行》:"绪季野虽不言,而四时之气亦备。"原指春夏秋冬四时之气,也指气度弘远。"天地日月鬼神合其德",语出《易·乾》:"夫大人者,与天地合其德,与日月合其明,与四时合其序,与鬼神合其凶。"下联出自韩愈《原道》:"尧以是传之舜,舜以是传之汤,汤以是传之文武周公,文、武、周公传之孔子。"歌颂孔子的功绩,可与"尧舜禹汤文武"并列,一个盛世帝王能够对孔子做如此高的评价,也可见其胸襟之开阔。

联语气势恢宏,符合孔子这位"万世师表"的思想家、教育家的崇高地位与身份。

德配天地;
道冠古今。

——河南郑州孔庙联

孔庙遍及全国,河南郑州孔庙这副短联,仅八个字,就将孔夫子的道德捧上了天,空前绝后,无人可及。曲阜孔庙联"德侔天地,道贯古今"、美国纽约中华公所孔子像联"德参天地,道冠古今"与此同。

与国咸休,安富尊荣公府第;
同天并老,文章道德圣人家。

——纪昀

这副对联悬挂在山东曲阜孔府大门两旁的明柱上,联语高度评价了古代伟大的先哲孔子的"文章道德,与天并老",并说孔子的后人,同享福禄,世代尊荣,同国盛大。由清纪昀(纪晓岚)撰写的这副对联,上联中"安富尊荣"的"富"字,宝盖头有意缺了上面的一点,是"冨"字。下联中"文章道德"的"章"字,"早"字中间露了头。其实是其有意为之,其中"富"字上面少一点,寓"富贵无头","章"字一竖通到上面的立字,寓"文章通天",此联概括出千百年来"圣人家"的气派。

【拓展链接】

圣何可及也；
文不在兹乎。
　　　　　　　　　　　　——曲阜孔庙

泗水文章昭日月；
杏坛礼乐冠华夷。
　　　　　　　　　　　　——曲阜孔庙

文教风行绎自振；
英才林立礼为罗。
　　　　　　　　——张衮题江阴孔庙明伦堂

成春秋一书褒贬严斧钺；
留洙泗片席俎豆以馨香。
　　　　　　　　　　　——曲阜　孔庙

德参天地道贯古今；
祖述尧舜宪章文武。
　　　　　　　　　——曲阜　孔庙奎文阁

游三孔孔府孔林孔庙；
仰至圣圣人圣迹圣观。

拔地擎天傲卧岱宗一览众山小；
雕梁画栋雄居孔庙万传群第贤。

允矣斯文为古今中外君民立允极；
大哉夫子合诗书易礼春秋集大成。

——曲阜　孔庙

先师功德垂青史；
儒学精华照五洲。

文圣吾祖，恩泽海宇；
千古巨人，万事先师。

圣地多娇，人祭轩辕，儒尊孔子；
名城焕彩，山朝泰岱，水仰沂河。

衮裳瞻古像；
俎豆识遗风。

——曲阜孔庙寝殿

德大千年祀；
名高万世师。

——曲阜孔庙寝殿

教泽垂千古；
泰山终不颓。

——曲阜孔庙大中门

夫子贤于尧舜远；
至诚可与天地参。

——曲阜孔庙大成殿

大象承乾，处处春光寒转暖；
三阳开泰，年年淑景去还来。

——曲阜孔庙大成门

蔼若泰山，澄如秋水；
仁为人德，吉是鸿义。

——曲阜孔府

以利己之心交朋心善；
以好色之念求学必真。

——姜克礼题曲阜孔府

气备四时与天地日月鬼神合其德；
教垂万世继尧舜禹汤文武作之师。

——乾隆题先师庙大成殿

作者圣，述者明，仰崇高万仞宫墙，敬教勤学；
形上道，形下器，萃中外一时文物，强识博闻。

——佚名题太原文庙崇圣祠

道与天地参，功满天地，名满天地；
书留春秋在，知我春秋，罪我春秋。

——佚名题平遥文庙

一带秦淮河，洗尽前朝污泥浊水；
千年夫子庙，辉兼历代古貌新姿。

——吴植题南京夫子庙

大成殿兴兴毁毁，毁毁兴兴，兴乎？毁乎？早期纂诗书、定礼乐周游天下，我行我素；
孔仲尼是是非非，非非是是，是耶？非耶？晚年作春秋、赞周易留传古今,君论君评。

——余清逸题南京秦淮河风景带大成殿

博学、审问、慎思、明辨、笃行,修其天爵;
君臣、父子、夫妇、昆弟、朋友,教以人伦。

——淮安清河文庙

L部

——李　白——

【语文名片】

李白（701年—762年），字太白，号青莲居士，唐代伟大的浪漫主义诗人，被后人誉为"诗仙"。李白存世诗文千余篇，有《李太白集》传世。李白生活在盛唐时期，二十五岁时只身出蜀，开始了漫游生活，南到洞庭湘江，东至越州，寓居在安陆、应山。直到天宝元年（742年），李白被召至长安，供奉翰林，后因不能见容于权贵，就赐金放还而去，过着漂泊四方的漫游生活。李白一生失意，常常借酒浇愁。杜甫说"李白斗酒诗百篇"，宋元明清，酒家的酒幌子上，都有"太白遗风"四个大字，这是后人对李白最好的纪念。

李白的诗歌总体风格清新俊逸，既反映了时代的繁荣景象，也揭露了统治阶级的荒淫和腐败，表现出蔑视权贵、反抗传统束缚、追求自由和理想的积极精神。

> 《静夜思》《望庐山瀑布》《赠汪伦》《黄鹤楼送孟浩然之广陵》《早发白帝城》《登鹳雀楼》《闻王昌龄左迁龙标遥有此寄》《宣州谢朓楼饯别校书叔云》《蜀道难》《行路难》《梦游天姥吟留别》《将进酒》等曾入选中小学语文教材。

【名联赏析】

蓬莱文章建安骨；
青莲居士谪仙人。

——佚名

此联为采石矶太白楼后李白祠正厅两侧木柱上所镌刻楹联，系集李白诗句而成。上联出自李白《宣州谢朓楼饯别校书叔云》："蓬莱文章建安骨，中间小谢又清发。俱怀逸兴壮思飞，欲上青天揽明月。抽刀断水水更流，举杯消愁愁更愁。人生在世不称意，明朝散发弄扁舟。"本意是称赞汉代文章和建安诗人的作品，辞情慷慨，语言刚健，富有遒劲之风。下联出自李白《答湖州迦叶司马问白是何人》一诗："青莲居士谪仙人，酒肆藏名三十春。湖州司马何须问？金粟如来是后身。""谪仙人"本是贺知章对李白的戏称，意为李白天才绝世，非人世之人，当是贬谪凡间的仙人。李白对此称呼十分满意，多次在诗中自称"谪仙"。此联不仅巧妙地集李白诗句而不露痕迹，更妙在称誉李白之诗仙风采与绝世文才。后人读此联，便宛然可见李太白之潇洒风神。"千古诗才，蓬莱文章建安骨；一身傲气，青莲居上谪仙人"立意更加鲜明。

扬波喷云雷，笔落摇五岳；
举杯邀明月，垂辉映千古。

——当涂县太白祠楹联

此联为当涂县青山李白墓园中太白祠楹联，为赵朴初先生手书。四句均为李白诗句。"扬波喷云雷"出自李白《古风·其三》："额鼻象五岳，扬波喷云雷。""笔落摇五岳"出自《江上吟》，原句为"兴酣笔落摇五岳，诗成笑傲凌沧洲"。"举杯邀明月"则出自著名的《月下独酌·其一》："花间一壶酒，独酌无相亲。举杯邀明月，对影成三人。""垂辉映千古"出自《古风·其一》，原句为"我志在删述，垂辉映千春"，联语因平仄而改。此联集李白四句诗，生动地表现了李白诗歌"惊天地、泣鬼神"的雄浑气势和强大的艺术感染力，以及其辉映千秋的巨大影响，可谓生动贴切，匠心独运。

侍金銮，谪夜郎，他胸中有何得失穷通？但随遇而安，说什么仙，说什么狂，说什么文章身价？上下数千年，只有楚屈平、汉曼倩、晋陶渊明，能仿佛一人胸次。
踞危矶，俯长江，这眼前更觉天地空阔。试凭栏远眺，不可无诗，不可无酒，不可无奇谈快论。流连四五日，岂惟牛渚月、白纻云、青山烟雨，都收来百尺楼头。

——黄琴士

　　这副长联共 118 字，是太白楼楹联中最长的一副。

　　此联上联说李白生平既曾有侍奉玄宗于金銮殿的显赫，又有被远谪夜郎的辛酸，但他生性磊落豁达，何尝对个人得失耿耿于怀？什么"仙"呀、"狂"呀、"文章身价"呀，都难以概括真实的他。数千年间，只有他能集战国时屈原的忠愤、汉代东方朔的狂傲、晋代陶渊明的旷达于一身。下联则由回忆李白转入自己在太白楼所见的景致与感怀。登临绝壁临江、千古一秀的采石矶，俯视脚下浩荡东流的长江水，顿时觉得江天浩渺，天地空阔。在此处凭栏远眺，怎么能无诗，怎么能无酒，又怎么能无李太白那样的高谈阔论，一抒胸中怀抱？在此高楼上就该盘桓个四五日，不仅要饱览牛渚明月、白纻浮云、青山烟雨，更要缅怀李太白之绝世才情与坎坷身世。全联之妙就在于有历史，有现实；有景物，有情感。情景交融，胸襟开阔；诗情画意，快人快语，通过排比夸张，将眼前景与胸中情结合起来，一气呵成，感人至深。

　　谢宣城何许人？只凭江上五言诗，教先生低首；
　　韩荆州差解事，肯借阶前盈尺地，使国士扬眉！

——吴山尊

　　此联为采石矶太白楼主楼一楼两旁抱柱上所镌的金字楹联，原系清代吴山尊撰，后由安徽省著名书法家葛介屏重书。

谢宣城指南齐诗人谢朓,是齐梁诗人的杰出代表,曾任宣城太守,后人称其为"谢宣城"。其五言诗如"馀霞散成绮,澄江静如练""大江流日夜,客心悲未央"等深受李白推崇,故清人王士禛《论诗绝句》有云:"青莲才笔九州横,六代淫哇总废声。白纻青山魂魄在,一生低首谢宣城。"韩荆州为唐朝的荆州长史韩朝宗,有声望,喜欢识拔后进。凡是得到他赏识的文士,都能一鸣惊人,声名鹊起。李白曾写过《与韩荆州书》,有"君侯何惜阶前盈尺之地,不使白扬眉吐气、激昂青云耶"之句,希望能得到他的赏识。此联上联以问句起笔,感慨谢朓能得到李白的推崇,下联则遗憾韩朝宗不能慧眼识人才,不肯提携李白,致使李白那样的高士,竟不能扬眉吐气,激昂青云。一问一叹,写尽诗人一生的坎坷,令人读后,悲凉伤感之情油然而生。

狂到世人皆欲杀;
醉来天子不能呼。

——姚兴荣

此联上下联均出自杜甫诗句。上联"世人皆欲杀"出自《不见》:"不见李生久,佯狂真可哀。世人皆欲杀,吾意独怜才。敏捷诗千首,飘零酒一杯。匡山读书处,头白好归来。"李白晚年因接受唐肃宗的弟弟永王李璘的邀请,加入其幕府,并为其写过一些歌功颂德的诗歌。后李璘兵败被杀,李白也受到牵连,被判长流夜郎。当时的处境是"世人皆欲杀",只有杜甫这样的老友"独怜才",可见二人相知之深,友谊之厚。下联出自《饮中八仙歌》:"李白斗酒诗百篇,长安市上酒家眠。天子呼来不上船,自称臣是酒中仙。"李白在"世人皆欲杀"的情况下,依然故我;醉时纵然天子相呼,犹不肯上船,可见其狂士之态。此联借用杜甫诗句,并加上"狂""醉"二字,活脱脱勾画出李白那种我行我素、纵情诗酒的狂放与豪侠之气。

击楫几登临,看白纻环来生成画稿;
推窗一凭眺,问青莲在否同放诗杯。

——彭玉麟

此联为清代彭玉麟所撰。彭氏字雪琴,湖南衡阳人。早年追随曾国藩创办湘军水师,官至兵部尚书,病逝后追赠太子太保,谥刚直。光绪三年(1877年),彭玉麟时任兵部右侍郎,捐俸重建太白楼。他十分喜爱采石矶山水,每年巡阅,必来此游览。

上联是楹联通常写法,即由景入手,说自己几度浮舟过此登临,只见白纻山等众山环绕长江矗立,远近高低各不相同,宛然一幅天生的水墨山水画卷;下联转景入情,写自己在此登楼推窗,凭栏远眺,不由问苍天:"李太白尚在否"?如能与他一起对酒当歌,畅抒怀抱,该是何等赏心乐事啊。只可惜斯楼依旧,江流亦千古,而斯人已难觅仙踪,想起他往日诗酒风流,怎不令人感怀惆怅。

诗中无敌,酒里称仙,才气公然笼一代;
殿上脱靴,江头披锦,狂名直欲占千秋。

——王乐伯

此联上下联说的均是李白平生最为人拍手称道叫绝的地方,可谓说出了大家的心声。如果说唐诗是中国古代文化史上的高峰的话,那么,李白无疑就是站在这座高峰之顶的巨人。所以,用"诗中无敌"来赞誉李白,是毫不为过的。李白"斗酒诗百篇",只要有美酒,他可以"天子呼来不上船。"人们只要想到酒,就自然会想起李白,"太白遗风"亦因之名传千古。所以,用"酒里称仙"来形容李白也是历来大家的共识。正因为李白一生诗酒风流,作者才有"才气公然笼一代"之评。下联说,李白当年得到唐玄宗赏识,待诏翰林院。一次乘醉在金銮殿上,让高力士为其脱靴。晚年又身披宫锦袍,自金陵往牛渚赏月,与崔宗之等人在舟中饮酒畅谈,旁若无人。此等风采,何等令人向往,故作者说他"狂名直欲占千秋"。值得一提的是,"力士脱靴"虽然只是传说,未必可靠,但历来文人却宁愿信其有,就是因为它代表了不向权贵低头的铮铮铁骨,大快人心,酣畅淋漓。正因为这样,李白之"狂",非狂妄之气,乃是不与权贵同流合污的傲骨,也是千秋万代人们所推崇的崇高品格。

酒家何处?杨柳依垂,每当月白风清,胜地也应招子美;
潭水依然,桃花无恙,到此心旷神怡,前身或许是汪伦。

此联上联先以问句起头,因为李白生平最爱美酒,所以作者上来就问:"何处有酒家?"每当月白风清的夜晚,杨柳依依垂拂的时候,对着如此良辰美景,总不由想到,应当招来李白的好友杜甫,让诗仙、诗圣一起品酒、赏月、吟诗、畅谈,才不失为一桩赏心乐事。下联写道,桃花潭的潭水依旧像李白游觉时那样清澈，桃花也依旧妩媚动人，自己到此只觉得心旷神怡，仿佛神游数百年，穿越了时空隧道，与李白在一起。或许自己的前身就是那个在桃花潭畔踏歌为李白送行的泾县汪伦吧。此联把美酒、良辰、风物、胜景，与人物联系在一起。无论是曾与李白"醉眠秋共被，携手日同行"的杜甫，还是李白笔下"桃花潭水深千尺，不及汪伦送我情"的汪伦，都是李白的好友，都曾与李白一起留下一段让后人神往的佳话。这里，笔者也禁不住遐想，自己也是李白的异代知音，或许前生还就是李白的同时代人，也曾追随李白左右，也曾与李白把酒畅谈，醉歌抒怀呢。

大江淘尽英雄，山经百战楼仍在；
诗卷长留天地，人往千秋酒不空。

——李成谋

上联写千百年来，被这滚滚东去的长江水带去的英雄有多少啊，正应了罗贯中所说的"滚滚长江东逝水，浪花淘尽英雄"！"采石之险甲江南"，作为自古兵家必争之地，翠螺山见证了多少险恶的战争，至今依然矗立在江畔；太白楼目睹了多少朝代兴衰的往事，依旧在蒙蒙的江南烟雨中勾起人们那份绵绵不尽的怀思。下联说，斯楼虽在，斯人已往，而他的诗卷却长留天地间。千载后重来，楼中依旧可见后人拜祭时奉上的美酒。因为大家知道，李白一生就爱好诗酒，所以来拜祭他，别的可以没有，却不可无诗，不可无酒。表面上是说酒不空，实际上是说，人们对李白的怀念经历了千秋万载，也不会消除磨灭。此联只有短短的 26 字,却以"山"对"人",以"酒"对"楼",以"英雄"对"天地",处处可见对仗之工。江山千古,江流千古,楼亦千古,诗亦千古,人亦千古。

【资料链接】

青莲祠(马鞍山采石矶)
长歌吟松风,依旧螺山留胜迹;
相期邈云汉,迄今牛渚忆知音。

——施森

绿水孤帆,还看两岸青山,狂客无心歌盛世;
清风朗月,犹照三千白发,谪仙有志济黎元。

——裴斐

何日是归期?请君试问东流水;
举杯邀明月,与尔同销万古愁。

——吴霜涯集李白诗句

神来奇想,笔走龙蛇;
肺出豪情,气贯乾坤。

——詹锳

气盖西江,才压蜀道,千古比肩杜工部;
神存采石,志在青山,一生低首谢宣城。

——朱金城

敏捷诗千首,沉香亭畔歌妃子;

飘零酒一杯,采石江头醉谪仙。

——郁贤浩

此处莫题诗,谁个敢为学士敌;
江心曾捉月,我来甘拜酒仙狂。

——彭玉麟

自公一去无狂客;
此地千秋有盛名。

——陶梦经

有句思谪仙,争看炉火照天地;
此山腾傲气,岂惮鼻息吹虹霓。

——赵朴初

傲骨同青山未朽,看世上权贵终为尘土;
诗魂聚采石不散,教人间赤子皆成人才。

戏权佞,戏公卿,谑浪朝廷有傲骨;
忧苍生,忧社稷,彷徨中夜动悲吟。

——王运熙

诗酒皆仙,吟魂醉魄归何处;
江山如画,月色涛声共一楼。

千古诗才,蓬莱文章建安骨;
一身傲气,青莲居士谪仙人。

李白衣冠冢（马鞍山采石矶）

才以仙名，诗酒高风传万古；
地因人重，江山胜迹播千秋。

千秋拜衣冠，叹犀水无情，醉得酒仙不醒；
一楼好风月，羡螺山有幸，名随诗圣长存。

李白祠（当涂）

既是诗仙，又是酒仙，浅酌低吟，皓月应怜离乱影；
初为游客，终为逐客，凄怆潦倒，蛟龙好获漂流魂。

青山埋忠骨，岂肯折腰事权贵；
白发怀丹心，甘愿低头为庶民。

太白楼（宣城）

吾辈此中堪饮酒；
先生在上莫题诗。

——汪有才

千尺青山，妙句岂唯凌小谢；
一龛金粟，后身须信是如来。

——闵中丞（鹗元）

诗酒神仙天自梦中传彩笔；
楼台花月人从江上拜宫袍。

——李暲一

脱身依旧仙归去；
撒手还将月放回。

——李孚青

江空欲听水仙操；
壁立直上蓬莱峰。

——集太白句题太白楼联。

谚起七言，千古才人千古恨；
快登百尺，一楼风景一楼诗。

把酒问青天，放眼已无高力士；
登舟望秋月，旷怀犹忆谢将军。

万里大江来倚翠嶂高楼，月朗风清依旧；
六朝陈迹尽瞻锦袍遗像，天长地久犹新。

莫上层峦，睹江水狂澜，洒不尽英雄涕泪；
聊倾蚁酒，听秋林落叶，感从来才子飘零。

写李白
此江若变作春酒；
问余何事栖碧山。

——黄炎培

盛唐诗酒无双士；
青莲文苑第一家。

酌酒花间，磨针石上；
倚剑天外，挂弓扶桑。

谪仙、诗仙、酒中仙，太白文笔世罕匹；
傲气、奇气、豪放气，青莲风韵史无双。

——柳宗元——

【语文名片】

柳宗元（773年—819年），字子厚，山西运城人，祖籍河东，世称"柳河东""河东先生"。因官终柳州刺史，又称"柳柳州""柳愚溪"。唐代著名文学家、散文家，与韩愈共同倡导唐代古文运动，并称为"韩柳"。与唐代的韩愈、宋代的欧阳修、苏洵、苏轼、苏辙、王安石和曾巩，并称为"唐宋八大家"。

柳宗元一生留诗文作品达600余篇，其诗多抒写抑郁悲愤、思乡怀友之情，幽峭峻郁，自成一格。最为世人称道者，是那些情深意远、疏淡峻洁的山水闲适之作。骈文有近百篇，散文论说性强，笔锋犀利，讽刺辛辣。游记写景状物，多所寄托。有《柳河东集》《柳宗元集》。柳宗元的游记最为脍炙人口，均写于被贬后，以永州之作更胜，典范之作为《永州八记》，奠定了他在唐代古文运动中的领袖地位，也奠定了他在中国散文史上的地位。

《江雪》《登柳州城楼寄漳汀封连四州》《黔之驴》《捕蛇者说》《小石潭记》《始得西山宴游记》《答韦中立论师道书》等曾入选语文教材。

【名联赏析】

柳侯祠联

山水来归,黄蕉丹荔;
春秋报事,福我寿民。

——杨翰集《荔子碑》

柳侯祠在柳州市柳侯公园内的罗池边,始建于唐长庆元年(公元821年),宋代徽宗时追封唐代文学家柳宗元为文惠侯,改为柳侯祠。祠内有柳宗元手书《龙城石刻》和苏轼手书《荔子碑》。祠前有"柑香亭",为柳宗元讲学、会客处。大殿立有柳宗元的巨型塑像。此为祠内后人集韩愈句联。

联集自"三绝碑"。韩愈《柳州罗池庙碑》的《享神诗》中首句有"荔子丹兮蕉黄",后人便称之为"荔子碑"。碑文颂柳侯,文辞来自韩愈,再经苏东坡手书,于是又名曰"三绝碑"。

柳侯祠联

才与福难兼,贾傅以来,文字潮儋同万里;
地因人始重,河东而外,江山永柳各千秋。

——杨季鸾

杨季鸾,清代著名诗人,字紫卿,监生,御赐"孝廉方正",湖南省宁远县平田村人。著有《春星阁诗钞》诗两本,现存北京图书馆。

此联既写人又写地，其特色则是以感慨的语调发议论。上联的议论是把柳宗元与贾谊、韩愈、苏轼四位贬谪到南方的文人联系起来。"贾傅"：西汉文学家贾谊，曾任长沙王、梁怀王太傅。"潮儋"：潮州和儋州。韩愈因谏阻宪宗迎佛骨被贬为潮州刺史。苏东坡在宋哲宗亲政、新党上台后被贬于儋州。"河东"：指柳宗元，其祖籍河东解城（今山西运城），人称"柳河东"。四人都是才华卓绝，又都是命运坎坷，所以用"才与福难兼"来概括。

下联专就柳宗元而言。"永柳"：永州和柳州。柳宗元参与革新集团，被贬为永州司马。后被起用改任柳州刺史，死于此。本属蛮荒的广西之地，因柳宗元始得开化，所以说"地因人始重"，河东先生能得此赞语，死且不朽。

廉洁为心，忠信为仗；
文章在册，功德在民。

——伍长华

柳宗元是唐宋八大家之一，也是唐代著名的清官，在政治上反对官宦弄权和藩镇割据，也曾参加王叔文为首的政治革新活动，后被贬为永州（今湖南零陵）司马。后人为了纪念他，在柳州柳侯祠旁制了这样一副楹联。此联赞柳宗元为官清廉，为人忠信，文才泓涵，功德在民。联语简洁，评价精当。

【资料链接】

双柏仰清标,长忆养人如树;
一池寻故迹,同欣凿井得泉。
　　　　　　　　　　　——伍长华集柳句

柳水鹅山,兴事乐生犹昨日;
汗颜血指,神沮道塞发雄文。
　　　　　　　　　　　——王蘧常

曾读柳州文,治迹分明于此信;
幸叨枌社荫,灵踪飘忽至今疑。
　　　　　　　　　　　——俞樾

龙城不改,风景依然,问江水奔腾剩几处当年杨柳;
马邑已非,林泉犹是,看岚光掩映供一龛终古馨香。
　　　　　　　　　　　——韦铭芝

——李清照——

【语文名片】

李清照（1084年—约1151年），号易安居士，山东省济南章丘人。北宋后期、南宋初期的著名女词人，婉约词派代表，有"千古第一才女"之称。李清照出身书香门第，早期生活优裕。其父李格非藏书甚富，她小时候就在良好的家庭环境中打下文学基础。出嫁后与夫赵明诚共同致力于书画金石的搜集整理。金兵入据中原时，流寓南方，境遇孤苦。所作词，前期多写其悠闲生活，后期多悲叹身世，情调感伤。形式上善用白描手法，自辟途径，语言清丽。论词强调协律，崇尚典雅，提出词"别是一家"之说，反对以作诗文之法作词。能诗，留存不多，部分篇章感时咏史，情辞慷慨，与其词风不同。有《易安居士文集》《易安词》，已散佚。后人有《漱玉词》辑本。今有《李清照集校注》。

《夏日绝句》《一剪梅·红藕香残玉簟秋》《如梦令·昨夜雨疏风骤》《如梦令·常记溪亭日暮》《声声慢·寻寻觅觅》等作品入选语文教材。

【名联赏析】

济南李清照纪念堂

大明湖畔，趵突泉边，故居在绿杨深处；
漱玉集中，金石录里，文采有后主遗风。

——郭沫若1959年题

"漱玉集"，指李清照所写《漱玉词》，"金石录"，指李清照之夫赵明诚将所藏金石拓本按序编成目录，并做了考订，名曰《金石录》，李清照曾介入其事，写了《金石录后序》。"后主"，指五代时南唐后主李煜，擅长作词。"遗风"，谓前人传下来的风格。上联刻画李清照故居的位置及其周围景色：湖、泉、柳，备极幽雅。下联概括其创作结果，评说其艺术风格。作者题《故居》诗："传诵千秋是著书。"李清照的词清爽委婉，颇有李后主作品风格。此联语言明白，朴素情深。从地、人两个角度，把标题应有之意写足，读来备感亲热。

此联在郭老的题联当中不为上流，但传诵很广。上联语言欠精练，下联的"后主遗风"也应说明主要指李清照后期的词。

李清照撰联

露花倒影柳三变；
桂子飘香张九成。

李清照一生不仅写了大量诗词，而且还写了不少对联。柳三变即柳永,柳永有《破阵乐》词一首,其首句为"露花倒影,烟芜蘸碧,灵沼波暖",可见上联是用人物柳永自己的词句来属对的。张九成,字子韶,《宋史》有传。宋绍兴二年(1132年)三月甲寅,高宗策试诸路类试奏名进士于讲殿,以张九成为第一。九成对策中有句云:"澄江泻练,夜桂飘香,陛下享此乐时,必曰:西风凄劲,两宫得无忧乎?"故李清照撰此联以嘲之。下联也是用人物张九成自己的文句来属对的。用"张九成"对"柳三变",除用"九"对"三"外,而且用"成"对"变"。按《周礼·大司乐》:"乐有六变、八变、九变。"《礼记·乐记》有:"再成、三成、四成、五成、六成。"《礼记》郑注:"每奏武曲,一终为一成。"王学初先生在《李清照集校注》中解释曰:"变亦成也。"可知李清照此联对仗极为精当,实为不可多得的佳品。

李清照纪念堂(济南大明湖)

载酒江湖,人比黄花更瘦;
校碑栏槛,梦随玉笛俱飞。

——马公愚

马公愚(1893年—1969年),本名范,初字公驭,后改公禺、公愚,晚号冷翁,因其斋名"耕石簃",故又署耕石簃主,永嘉城区(今温州鹿城区)百里坊人。永嘉马氏,自清以来,以诗文、金石、书画传家凡二百年。公愚素有"艺苑全才"之誉。其书法,篆隶真草行,各体皆备,无一不精;篆刻、绘画和诗文都有相当造诣。

李清照纪念堂在济南趵突泉公园内,有厅、亭、轩、廊等建筑,庭院幽雅宜人,1956年修建。玉笛,李清照常以秦穆公时爱吹箫的萧史比丈夫赵明诚,以自己比爱吹箫的弄玉,玉笛象征两人的共同爱好。上联化用李清照《醉花阴》"帘卷西风,人比黄花瘦"词意,概括她后期艰辛境遇,漂泊江湖,无奈而借酒浇愁,人比黄花(菊花)显得更加憔悴。下联回顾前期幸福生活,校碑(指李与赵校订金石碑文之事)于书斋,乐趣无穷,连美梦也随着笛声起伏回荡。全联以"栏槛"对"江湖",点明不同时期的不同环境.反映李清照经历南北宋之交、国破家亡、流离失所的惨痛变化。"梦随玉笛俱飞"一句,写得恍惚迷离而神采飞动,甚为感人。

三径绿树人醉竹;
百花红处客寻春。

——李钟余

李钟余,济南市书法家协会原副主席。此联位于趵突泉内的李清照纪念堂,主要描述了纪念堂环境的幽雅安静,同时又不乏活力。"三径"是个典故,出自汉代的蒋诩,其辞官不出后,在家中开辟三径,只与好友求仲、羊仲来往,后用"三径"特指归隐之处。

该联写得清新淡雅,与纪念堂的风格和环境相得益彰,也与李清照的词风相吻合,在名人纪念馆的楹联中可谓是别具一格。

【拓展链接】

李清照纪念堂(济南大明湖)
金石录有几页闲情好梦;
漱玉词集多年国恨离愁。

——马公愚

济南泉水洛下园林间气英华钟韵语;
故国前尘归来梦影偏安文献让遗蓥。

章丘清照园
金石相与析清照词论千载秀;
文苑共欣赏百脉绣江万古流。

青州李清照纪念馆归来堂
红雨飞愁千秋绝唱销魂句;
黄花比瘦一卷高歌漱玉词。

题李清照
寻寻觅觅,冷冷清清,凄凄惨惨戚戚,对此柔肠当寸断。黄花怎奈西风,阵阵紧;
点点滴滴,渐渐沥沥,缕缕断断续续,念彼伊人独憔悴。梧桐更兼细雨,声声慢。

【注】化用李清照词《声声慢》词意,评价其词恰如其分。

帘卷西风，易安居士寂寞寒窗空守寡；
人比黄花，清照才女梧桐朽枕杠相栖。

才气昂然写相思之忧；
出水芙蓉洒千古之愁。

——陆 游——

【语文名片】

陆游(1125年—1210年),南宋著名诗人、词人。字务观,号放翁。越州山阴(今浙江绍兴)人。中年入蜀,投身军旅生活。晚年退居家乡。其一生笔耕不辍,创作诗歌很多,今存九千多首,内容极为丰富。与王安石、苏轼、黄庭坚并称"宋代四大诗人",又与杨万里、范成大、尤袤合称"中兴四大诗人"。著有《剑南诗稿》《渭南文集》《南唐书》《老学庵笔记》等。他从火热的战斗生活中汲取题材,写下了许多"寄意恢复"的诗篇,后来他把这些诗篇编为一集,就是《剑南诗稿》。其创作的基本倾向是现实主义,又富有浪漫色彩。艺术表现手法丰富多彩,变化无穷。中年入蜀之后,形成豪迈奔放的风格,晚年诗风趋于恬淡,有时幽愤。总体看来,艺术特点是宏伟豪放,热情洋溢。

《十一月四日风雨大作》《书愤》《示儿》《游山西村》《临安春雨初霁》《冬夜读书示子聿》《卜算子·咏梅》等入选语文教材。

【名联赏析】

题书房
万卷古今消永日；
一窗昏晓送流年。

——陆游

此联为陆游所撰"书巢"联。书巢意即用书筑成的巢，指书室。

陆游，他那脍炙人口的诗词影响了多少文人墨客。他生当北宋灭亡之际，饱受民族灾难之苦，少时便立下壮志。然而他一生不得志，满腔的报国热情无处发泄，只好寄情于诗词，或抒发政治抱负，反映人民疾苦，批判统治者屈辱求和，给人以雄浑豪迈之气，或抒写日常生活中平凡之事，借物咏怀，给人耳目一新之感。

古人的"读万卷书，行万里路""读书破万卷，下笔如有神"等用在陆游身上是再恰当不过了。他一生酷爱读书，经常读得不知身在何处，即使到了多病的晚年，仍然是"读书有味身忘老"，还像年轻时那样发愤读书。

　　陆游的这副"书巢"联正是当时他生活的写照。联中的"万卷"指书的数量极多；"古今"指书的内容涉及面极广，古往今来无不领略；"一窗昏晓"可见其读书之专注，达到了废寝忘食地步，既不知黄昏，也不知晨晓，岁月年华就这样不知不觉地逝去了。寥寥几字，使读者读后如见其人，如闻其声，如入其境。

　　此联对仗十分工整，很有诗词的那种韵律美。用词也十分精确。"万卷"对"一窗"，"古今"对"昏晓"，"消"对"送"，"永日"对"流年"，不仅词性与平仄相对仗，而且意义上也相互对照关联。在写法上，作者采用的是正对的修辞手法，正面直接描绘作者读书废寝忘食的形象。值得注意的是：此联不仅反映陆游好学的生活场面，而且透过此联，我们还可以看到诗人当时极端郁闷的心情。诗人一腔热血无处挥洒，无奈只有寄情于诗书之中，在书海里消磨这苦闷的漫漫长日，而大好的年华也在这书海中渐渐流逝。这无疑也是发泄对当权者的不满和自己的无奈之情。

【拓展链接】

沈园陆游祠（绍兴）
怀国仇金，浩气长留剑南草；
喻钗见义，人伦宣叙沈家园。

诗人足千秋，耿耿丹心，曾洒爱国千行泪；
名园亦万古，融融春色，犹有梅花万榭香。
　　　　　　　　　　　　　　——钱叔亮

禹迹问遗踪，犹存临水惊鸿句；
蕉然寻梦路，未死冰河铁马心。
　　　　　　　　　　　　　　——夏承焘

半壁河山传烽火；
一腔义愤怅绿云。
　　　　　　　　　　　　　　——朱东润

花老沈园，艺苑争传钗头凤；
心存华夏，神州竞诵示儿诗。

剑南万首岂但乡邦称泰斗；
旷代相望濯锦江头一草堂。

题陆游
沈园壁上《钗头凤》，诗人柔肠应九转；
关河梦里《诉衷情》，志士热血空百年。

——罗贯中——

【语文名片】

罗贯中(约1330年—约1400年),名本,字贯中,号湖海散人,元末明初小说家、戏曲家,中国章回小说的鼻祖,太原人。代表作《三国演义》是我国最早的一部长篇章回体历史小说,代表古代历史小说的最高成就,全称《三国志通俗演义》。该书着重描写了魏、蜀、吴三国之间的政治、军事、外交斗争和兴衰过程,始于黄巾起义,终于西晋统一,展现出一幅波澜壮阔的百年历史风云画卷。全书使用浅近的文言,明快流畅,雅俗共赏,笔法富于变化,摇曳多姿,以宏伟的结构,把百年左右头绪纷繁、错综复杂的事件和众多的人物,组织得完整严密,叙述得有条不紊。全书写了四百多个人物,通过夸张、渲染、对比等艺术手法塑造人物性格,刻画了诸葛亮、曹操、关羽、张飞、周瑜、司马懿等几十个典型人物。《不列颠百科全书》则称罗贯中为"第一位知名的艺术大师"。《三国演义》中的精彩片段《三顾茅庐》《草船借箭》《群英会蒋干中计》等曾入选语文教材。

【名联赏析】

题罗贯中故里——清徐县联

东湖夜月作灯,西岭香岩为榻,挑灯卧榻品三国,风云再现;

南寨葡园醅酒,北乡青瓮酿醯,酌酒斟醯话九州,锦绣齐臻。

——白俊英

清徐乃罗贯中故里,被称为"醋都葡乡,文化名城",山西清徐白俊英女士蕴情寄兴,潜心巧构,将清徐最为鲜明的景物特色融入联中。

上联以景起兴,"东湖夜月"与"西岭香岩"堪称清徐八景之首。起笔处虚而实之,直引二景于其中。"作灯""为榻",其想象之高妙,出人意表。接着"灯""榻"二字重现联中,新意再翻。"挑灯""卧榻"虽语境寻常,然则用于此处却意趣横生,并一气贯之,直奔主题,贯中名著随之出焉。凭虚以寄趣,不显半分空洞。下联笔锋所指"南寨葡园""北乡青瓮"与上联之自然景观遥相对应,一自然,一人文,相互关合,其错落之美,再为全联增色。同样"酒""醯"二字两两重现,进一步突显了清徐"醋都葡乡"的人文特色。"斟醯"二字入联,尤为新颖别致。须知人们对醋的使用,早已超出了单纯的烹食调味功能;保健醋、饮料醋逐渐成为人们的日常饮品。故"酌酒"与"斟醯"足以相配。全联"夸而有节,饰而不诬"(刘勰语),

诸多用事，皆以情贯之。上联飘逸，由景而三国；下联婉转，由物而九州。联尾"锦绣"以对"风云"暗涵其妙，任人遐想。

【拓展链接】

周公瑾祠（无锡）
大帝君臣同骨肉；
小乔夫婿是英雄。
——方扶南

桑苎寄高情，笑傲烟霞，荐食四时供茗碗；
茶经留妙著，因缘香火，迎神一曲奏瓶笙。
——张荣培

周瑜墓（庐江）
顾曲有闲情，不碍破曹真事业；
饮醇原雅量，偏嫌生亮并英雄

赤壁展宏图，三十功名，公已勋垂宇宙；
佳城封马鬣，二千年后，我来树此风声。

紫桑吊罢，疑冢纷传，问周郎何处栖身，今日庐江朝暮巷；
赤壁功垂，丰碑永铸，惜公瑾未酬壮志，当年苏子念奴娇。
——夏俊云

鲁肃墓（岳阳）
扶帝烛曹奸，所见在荀彧上；
侍吴亲汉胄，此心与武侯同。

联蜀拒曹，乃公一生学问；
舍奸去诈，则吾十年用心。

——张之洞

大乔墓（岳阳）
巴蜀人空悲夜雨；
女贞木落吊秋风。

高唱大江，谁把黄金铸铜雀；
方迁乔木，忍抛红豆打流莺。

小乔墓（岳阳）
故国神游香草远；
雄姿人去大江东。

——陈诒弼

小苑辟从今，对马鬣一抔，秋风酒酹湖萍白；
大姨渺何处？独娥眉千古，春雨香留墓草青。

绿珠犹作坠楼人，铜雀春深，最恨旧时非礼语；
红颜远来巡狩地，潇湘月冷，可怜同有未归魂。

101

铜雀锁春风，可怜歌舞楼台，千古不传奸相冢；
杜鹃啼夜月，也为英雄夫婿，三更犹吊美人魂。

——李秀峰

铜雀有遗悲，豪杰功随三国没；
紫鹃无限恨，潇洒月冷二乔魂。

——陈诒弗

拂弦顾曲话周郎，竟能赤壁鏖兵，恨消铜雀；
同穴湘山羡妃子，抚此东吴抔土，望断秭归。

——章之峻

成都武侯祠的刘备殿楹联

一抔土尚巍然，问他铜雀荒台，何处寻漳河疑冢？
三足鼎今安在，剩此石麟古道，令人想汉代官仪。

题袁绍

有勇乏谋，有谋乏断，枉为三军统帅；
无欲则刚，无刚则韧，可做一生纲领。

题刘备

三结义、三顾茅庐、三分天下，堪称绝代佳话；
得关张、得诸葛亮、得天府地，可谓旷世奇缘。

题周瑜

赤壁一把火，能敌中原百万兵，谁谓英雄不少年？
帷幄几番计，犹输诸葛三分功，空夸公瑾有奇谋。

题华佗

虽为神医难医国。华佗何辜？
纵有九死当死节。曹瞒真毒！

题关羽

过五关斩六将，义勇冠三军，中原豪杰皆丧胆；
失荆州走麦城，梁柱折一枝，西蜀君臣同剜心。

题姜维

其勇可嘉，寸心可鉴，欲报蜀相之知遇；
大势难图，独木难支，怎挽狂澜于既倒？

题二乔

曾羡金陵胭脂井；
每恨邺下铜雀台。

——林则徐——

【语文名片】

林则徐（1785年—1850年），福建侯官（今福州）人，字元抚，又字少穆、石麟，晚号俟村老人、俟村退叟、七十二峰退叟、瓶泉居士、栎社散人等，是清朝后期政治家、思想家和诗人，官至一品，曾任湖广总督、陕甘总督和云贵总督，两次受命钦差大臣；因其主张严禁鸦片、抵抗西方列强的侵略，在中国有"民族英雄"之誉。

林则徐生平爱好诗词、书法，著有《云左山房文钞》《云左山房诗钞》《使滇吟草》和《林文忠公政书》《荷戈纪程》等著作。所遗奏稿、日记、公牍、书札、诗文等，新中国成立后辑为《林则徐集》。林则徐擅撰对联，对联内容丰富，风格多样。

《赴戍登程口占示家人》曾入选语文教材。

【名联赏析】

海纳百川，有容乃大；
壁立千仞，无欲则刚。

——林则徐

格言联既可表现撰人志趣，亦可显示其气度。此联为林则徐自题厅事，以海纳百川自期胸襟，以高山屹立自励气节。"有容""无欲"相辅相成，以物拟人，意象浑然。林则徐为有清中叶一代名臣，此联恰合其身份性行，可谓联如其人。

苟利国家生死以；
岂因祸福避趋之。

——林则徐自题

虎门销烟后，英国侵略者不肯放弃罪恶的鸦片贸易，而且蓄谋要用武力侵略中国。林则徐在广东一边禁烟，一边积极备战，修建炮台，拉拦江木排铁链，相信"民心可用"，招募五千多渔民编成水勇，屡败英军的挑衅。在1839年下半年，取得九龙之役、川鼻官涌之役等反击战的胜利。道光帝盲目骄傲，下旨停止英国贸易。1840年，清廷授林则徐任两广总督。鸦片战争爆发后，定海失陷，琦善到广州，反其道而行之。在英侵略者威胁利诱下，擅自签订割让香港、赔偿烟价六百万银元的《穿鼻草约》。但他却把这一切都归罪于林则徐。林则徐抗英有功，却遭投降派诬陷，被道光帝革职，"从重发往伊犁，效力赎罪"。1842年，林则徐在西安与家人告别时，作《赴戍登程口占示家人》七律二首（苟利国家生死以 岂因祸福避趋之），这联佳句是第二首的第二联。诗人气概昂扬，明确表示：纵是被贬遣戍，只要对国家有利，不论生死，也要去干；岂能因为个人祸福而避后趋前。此时此境诗人深怀忧民之心，忠君之意，难忘报国。这是他爱国情感的抒发，也是他性情人格的写照。

林则徐故居（福州文藻山）

坐卧一楼间，因病得闲，如此散材天或恕；
结交千载上，过时为学，庶几秉烛老犹明。

——林则徐

1840年1月，林则徐任两广总督，6月鸦片战争爆发后，严密设防，使英军在粤无法得逞。10月受诬害，被革职。此联是林则徐在卸任后所作，时年55岁。

"散材"，即散木。《庄子·人间世》："是散木也。……是不才之木也，无所可用。""秉烛老犹明"，刘向《说苑·建本》师旷曰："少而好学，如日出之阳；壮而好学，如日中之光；老而好学，如秉烛之明。"林则徐在受信任、负重任时，能写出"海纳百川，有容乃大／壁立千仞，无欲则刚"这样大气磅礴、严于律己的楹联。在受诬害、被革职时，也能写出心境如此开阔，自谦自励的楹联，在近代史上独一无二。

此联自然流畅，处处有对比：一楼（空间）小，千载（时间）长；得闲不休，过时不晚；休闲和读书；自称散才，实为全才；所谓天恕，实为自勉等等，可谓深得楹联三昧。

附公者不皆君子，间公者必是小人，忧国如家，二百余年遗直在；

庙堂依之为长城，草野望之若时雨，出师未捷，八千里路大星颓。

——左宗棠挽林则徐

1850年，太平军起，清廷召林则徐为钦差大臣驰赴广西督理军务，途中病死，享年65岁。上联说的是鸦片战争期间的事。左宗棠是敢言的，论者认为，"小人"云云，其矛头直指朝廷的主和派如穆彰阿、琦善、伊里布诸大臣。下联说的则是他在驰赴广西督理军务途中病逝之事。对仗工整，感情真切。

赠林则徐

帝倚以为股肱耳目；
民望之若父母神明。

——梁章钜

梁章钜这副赠联，恰到好处地概括了林则徐上有功于国，下有益于民的丰功伟绩。报效朝廷，他是股肱，是干城，呕心沥血；为民谋利，他是父母，是神明，殚心竭力。是林则徐这样的民族英雄，才能担得起这样的赞颂；是梁章钜这样的楹联大家，才能写出这样的华章。仅看联中"以""之"两个虚词，使全句舒缓有度，登岭接峰，便可见出手不凡了。

林则徐祠（福州）

理事若作真书，绵密无间；
爱民如保赤子，体会入微。

——程恩泽

上联概括林则徐的治事特点，下联称颂林则徐作为官员爱民如子的情感。此联主题比较普通，但两个比喻用得出人意表。下联将爱民如子的话，细致表述为对百姓的体贴入微上，这就不空泛了。上联更是因林则徐喜作且工于小楷——小楷的特点是"绵密"，而将其书法特点拿来与他的治事相比，尤其显得出奇。此联技艺达到了工巧而奇妙的程度。

【拓展链接】

林则徐撰联
求通民情；
愿闻己过。

定后而能静；
言之必可行。

应视国事如家事；
能尽人心即佛心。

宦游到处身如寄；
农事何时手自亲。

山水之间有清契；
林亭以外无世情。

——题成都文殊院

长空有月明两岸；
秋水无波行一舟。

——题杭州西湖宛在堂

世无遗草真能隐；
山有名花转不孤。

——题杭州西湖孤山梅亭

师友肯临容膝地；
儿孙莫负等身书。

——题福州故居

我忆家风负梅鹤；
天教处士领湖山。

——题杭州林处士祠

海到无边天作岸；
山登绝顶我为峰。

——题福州鼓山

前时但说民通寇；
此日翻看吏纵夷。

——题《海国图志》

读史有怀经世略；
检方常著活人书。

——赠何书田

偶然风雨惊花落；
再起楼台待月明。

——流放新疆途中赠友

为学日益，为道日损；
大勇若怯，大智若愚。

庆云扶质，清风承景；
鸣凤朝阳，翔龙仰霄。

曾从二千石起家，衣体新传贤子弟；
难得八十翁就养，湖山旧识老诗人。

——赠梁章钜

儒术岂虚谈，水利书成，功在三江宜血食；
经师偏晚达，专家论定，狂如七子也心降。

——题嘉定归有光祠

皇路许驰驱，举孝兴廉，海峤人文罗福地；
天门问訣荡，蜚声腾实，蓬瀛才望夺清时。

——题福州贡院

六载固金汤，问何人忽坏长城，孤注竟教躬尽瘁；
双忠同坎壈，闻异类亦钦伟节，归魂相送面如生。

——挽关天培

相夫垂四十载辛勤,出处同心,昼锦归来犹并辔;
济世具万千缙功德,炽昌启后,夜台化去合升天。

——挽妻郑氏夫人

祠庙肃沧浪,更寻来一万字穹碑,新焕岩前楹栋;
威名镇吴越,还认取七百年华表,遥传江上旌旗。

——题苏州韩世忠祠

爱物为心,一命于人亦有济;
得民以道,千秋斯统不虚传。

——题南京程颢祠

祠庙肃沧浪,更寻来一万字穹碑,新焕岩前楹栋;
威名镇吴越,还认取七百年华表,遥传江上旌旗。

——题苏州韩世忠祠

林则徐祠(福州)

一舍岿然,并丞相祠堂不朽;
此湖可爱,问钱塘风月如何。

——许世英

焚毒冲云霄,正气壮山河之色;
挥旗抗敌寇,义征夺魑魅之心。

——郭沫若

林则徐虎门销烟纪念馆(虎门)

人自得之湖山千里之外;
书可读乎唐虞三代以前。

——林则徐

检书喜得未曾有;

爱竹招知何可无。

赠林则徐
麟阁待劳臣，最难西域生还，万顷开荒成伟绩；
凤池诏令子，喜听东山复起，一门济美报清时。

——梁章钜

——梁启超——

【语文名片】

　　梁启超（1873年—1929年），字卓如，一字任甫，号任公，又号饮冰室主人。戊戌变法（百日维新）领袖之一、中国近代维新派代表人物。青年时期和康有为一起倡导变法维新，变法失败后出逃，在海外推动君主立宪。辛亥革命之后一度入袁世凯政府，担任司法总长；之后对袁世凯称帝、张勋复辟等严词抨击，并加入段祺瑞政府。他倡导新文化运动，支持五四运动。曾倡导文体改良的"诗界革命"和"小说界革命"，对"新诗派"的产生和发展，对小说地位的提高，均起到了很大的促进作用。他一生著述宏富，民国时出版的《饮冰室合集》，收其作品一百四十八卷，一千余万字。他每年平均写作三十九万字之多，其勤奋用功，令一般文学家难以望其项背。写于光绪二十六年的《少年中国说》是他的名篇。
　　《少年中国说》《谭嗣同》曾入选语文教材。

【名联赏析】

春尽花魂犹恋石；
雨余山气欲吞湖。

——梁启超题广东省佛山市南海区西樵山天湖枕流亭

枕流亭在西樵山天湖畔。上联以一片深情描绘出暮春落红图，春天将尽，花瓣纷纷飘落在山间岩石上，迷人的景色中弥漫着一层伤春气息，以"恋"字表现作者对美好时光的深深怀念，有秀丽、柔婉的阴柔美。下联以一腔豪情吟诵出雨气吞潮诗，描绘出雨后山林中雾气氤氲，翻腾奔涌，好像要吞没山溪春潮，隐喻作者当时有志不得申的愤激之情，以"吞"字抒发作者对壮志难酬的愤愤不平，具有雄奇、劲健的阳刚美。联语一柔一刚，借景抒怀，柔婉中见雄奇，颇有意境，颇有深度。

两脚踏中西文化；
一心评宇宙华章。

——梁启超赠林语堂

林语堂（1895年—1976年），现代散文家、小说家。原名玉堂。福建龙溪（今漳州）人。曾赴美、德留学，专攻语言学。20世纪20年代在北京大学等校任英文教授，20年代后期寓居上海愚园路"有不为斋"。此联即为当时客厅墙壁上的悬联，当为梁氏后期作品。

此联十分贴切地写出了林氏的治学思想和成就。林语堂最精彩的文章是用中文写的《谈西洋文化》和用英文写的《谈中国文化》。一般来说,用异国文字来写本国事情,最容易失之肤浅,林语堂却避免了这个缺点;这不能不说是他过人的地方。此联正是写出了这一点,妙!梁氏善于集句联,也善于作联。此联对仗工稳,不用典故,明白如话,当为其作联中的上乘。

临流可奈清癯,弟四桥边,呼棹过环碧;
此意平生飞动,海棠影下,吹笛到天明。

——集句赠著名诗人徐志摩

徐志摩(1896年—1931年),近代诗人,新月派代表诗人。诗作甚多,1931年11月由南京赴北平途中因飞机失事遇难。此系集宋人词句为联。上联三句依次出自吴英文《高阳台·丰乐楼分韵得如字》,姜夔《点绛唇·丁未冬过吴松作》,陈允平《秋霁·西湖十咏·平湖秋月》。联语记述1924年4月12日,印度作家、诗人、社会活动家泰戈尔应邀抵上海。14日诗人徐志摩陪同畅游杭州西湖。23日又陪他到北京名刹法源寺欣赏丁香。下联三句分别引自李祁《西江月·云观三山清露》,王之道《青玉案·送无为守张文伯还朝》,陈与义《临江仙·夜登小阁,忆洛中旧游》。联语描述了徐志摩曾在"海棠花下"通宵达旦作诗的佳话。

为了纪念此事,梁启超便集词撰此联书赠徐志摩。此联用八尺宣纸写成,书作北魏体,笺用朱丝画格,谨严古朴,在梁氏书法中推为上选。梁启超好集词为联。此联尤见剪裁之妙,语如己出,一副十五言联,集了宋代六位词人六首词的词句,不仅对仗工稳,而且慷慨长歌,更饶意境,缘事而述,一气呵成,真是谈何容易!

徐志摩为梁启超弟子,联语刻画宛然,甚合徐志摩性格。梁启超生前视此联为自己最得意的作品,在《饮冰室诗话附录》里曾这样写道:"我所集最得意的是赠徐志摩一联……此联极能看出志摩的性格,还带着记他的故事,他曾陪泰戈尔游西湖,别有会心。又尝在海棠花下作诗做个通宵。"这恐怕就出于梁启超"胸中有洪炉,皆归熔铸"的缘故吧。

述先圣之玄意,整百家之不齐,入世以来年七十矣;
奉觞豆于国叟,致欢欣于春酒,亲受业者盖三千焉。

——贺康有为70岁寿诞

民国十六年(1927年)夏历二月初五日(3月8日)康有为70岁诞辰。梁启超偕眷与同门诸子亲往上海庆祝,并献此联,此联恭笔楷书写就。康有为是近代儒学巨子,所著对深奥玄妙的古代典籍,予以通俗易懂的阐述和发挥,对历代争论不休的百家异说,也表明自己的见解和观点。上联"述先圣之玄意,整百家之不齐"所说即此,末句紧扣寿龄。下联前两句是汉代张衡《东京赋》中的成句,借指恩师受国人尊重的寿翁,为之献上美酒佳肴。末句用孔子"弟子三千,贤人七十"之典,颂扬恩师也像孔子一样桃李满天下。

康有为是政治上有明显功过的人,但此联祝寿不涉及功过是非,只盛赞其学术成就,以隽美的文辞烘托喜庆气氛,故在众多贺寿联中显得格外夺目。

梁启超对张之洞

披一品衣，抱九仙骨，狂生无礼称愚弟；（张之洞）
行千里路，读万卷书，侠士有志傲王侯。（梁启超）

——梁启超对张之洞

梁启超17岁中举，真是风华正茂，年轻有为。一次，他去拜见两广总督张之洞，所递名帖上自署愚弟。张之洞见后，勃然变色，令侍卫传出一句，讲明对好才可接见。梁启超冷冷一笑，当即回对。张之洞看过，大为赞赏，出门迎见，畅叙一番。

四水江第一，四时夏第二，先生居江夏，谁是第一？谁是第二？（张之洞）

三教儒在前，三才人在后，小子本儒人，何敢在前，何敢在后。（梁启超）

——梁启超又对张之洞

张之洞调任湖广总督，总督府设在江夏。梁启超有次途经此地，登门拜访。张之洞以住处出上句，借地名"江夏"立意。"四水"，指"江""河""淮""济"，按序，长江居第一；"四时"，指"春、夏、秋、冬"，按季节，夏占第二。以江南数一数二的学者自居，梁启超默契察其意，稍加思索，巧妙地对以下句。

"三教"，指"儒、释、道"，以"儒"列前；"三才"，指"天、地、人"，以"人"居后，意思是说，小辈是读书人，在前在后实在也说不清。以"儒人"风度，表面自称"小子"，颇为得体地说出"何敢在前""何敢在后"之语，既彬彬有礼，又不卑不亢。张之洞不得不为之叹服:"此书生真乃天下奇才也!"此联上下句的收尾,都是仄脚,未免美中不足。

知所恶有甚于死者;
非夫人之恸而谁为。

——挽四川省督军兼省长蔡锷

1916年11月8日蔡锷以肺疾卒于日本福冈医院。梁氏闻耗悲痛异常,除于12月5日与旅沪人士举行公祭外,还率仲弟启勋等私祭之。此联为私祭时所撰,为典句联。

上联语出《孟子·告子上》:"死亦我所恶,所恶有甚于死者,故患有所不辟也。"意为死亡虽是我所厌恶的,但是还有比死亡更为我所厌恶的,所以有的祸害我不躲避。下联语出《论语·先进》:"颜渊死,子哭之恸。从者曰:'子恸矣!'曰:'有恸乎?非夫人之为恸而谁为?'"末句是说:"我不为这样的人伤心,还为什么样的人伤心呢?"吴恭亨评此联时说:"集《四子书》语不难,难在出副语痛至,对副语衬出师挽弟,尤栩栩欲活。"蔡锷是梁启超主讲长沙时务学堂时的得意门生,又是出师讨袁的合谋者,因此,蔡的逝世给梁启超带来极大悲痛。他在《祭文》中说:"嗟乎嗟乎,天不欲使余复有所建树,曷为降罚不于吾躬而于吾徒。"梁氏善集句为联,此为其中最恰切的一副。

【拓展链接】

梁启超自题联
得剑乍如添健仆；
闭门长似在深山。

——自题

寿颂南山瑶池瑞；
樽闻北海蓬莱春。

——题云南省宾川鸡足山石刻

门前学种先生柳；
日暮聊为梁父吟。

——题北京袁崇焕祠

细石平流，游鱼可数；
小山芳树，珍禽时来。

——题某园林

梁启超贺赠联
世事沧桑心事定；
胸中海岳梦中飞。

——赠著名女作家冰心

人在画桥西，冷香飞上诗句；
酒醒明月下，梦魂欲渡苍茫。

——集宋词赠北京大学教授王力

蝴蝶儿，晚报春，又是一般闲暇；
梧桐院，三更雨，不知多少秋声。

——集句赠胡适

梁启超嘲讽联

今日幸颐园，明日幸海子，何日复幸古长安？亿万人膏血尽枯，只为一人庆有；

五十割交趾，六十割台湾，七十又割东三省？千百里舆图渐促，清看万寿疆无。

——讽慈禧70岁寿诞

梁启超合撰、应对联

袖里笼花，小子暗藏春色；（启超父）
堂前悬镜，大人明察秋毫。（梁启超）

冬蛰庵中，夏穗卿研究春秋传；（梁启超）
东华门外，南汉宸欣赏北西厢。（黄炎培）

——黄炎培属对梁启超39年前悬联

梁启超集句联

更能消几番风雨；
最可惜一片江山。

春瘦三分，轻阴便成雨；
月明千里，高处不胜寒。

【注】上联集佚名《一剪梅》句；下联集吴梦窗《祝英台近》句。

满地横斜，梅花政自不恶；
一春憔悴，杜鹃欲劝谁归。

【注】上联集王碧山《高阳台》、辛稼轩《汉宫春》句；下联集赵长卿《临江仙》、辛稼轩《新荷叶》句。

一晌销凝,帘外晓莺残月;

无限清丽,雨余芳草斜阳。

【注】上联集子野《卜算子慢》、飞卿《更漏子》句;下联集清真《花犯》、淮海《画堂春》句。

独上西楼,天淡银河垂地;

高斟北斗,酒酣鼻息如雷。

【注】上联集李重光《相见欢》、范希文《御街行》句;下联集张子湖《念奴娇》、刘后村《沁园春》句。

水殿风来,冷香飞上诗句;

芳径雨歇,流莺唤起春醒。

【注】上联集苏东坡《洞仙歌》、姜白石《念奴娇》句;下联集史梅溪《谒金门》、高竹屋《风入松》句。

水殿风来,冷香飞上诗句;

空江月堕,梦魂欲渡苍茫。

——赠女儿梁思庄

【注】上联集苏东坡《洞仙歌》、姜白石《念奴娇》句;下联集吴梦窗《选冠子》《高阳台》句。

月满西楼,独鹤还自空碧;

日烘晴昼,流莺唤起春醒。

【注】上联集李易安《一剪梅》、奚秋崖《念奴娇》句;下联集史梅溪《柳梢青》、高竹屋《风入松》句。

宿鹭圆沙,又是一般闲暇;

乱鸦斜日，古今无此荒寒。

【注】上联集张玉田《声声慢》、辛稼轩《丑奴儿近》句；下联集吴梦窗《八声甘州》、周草窗《高阳台》句。

西子湖边，遥山向晚更碧；
清明时节，骤雨才过还晴。

【注】上联集徐因子《瑞鹤仙令》、周美成《浪淘沙慢》句；下联集辛稼轩《念奴娇》、秦少游《满庭芳》句。

笑索红梅，香乱石桥南北；
醉眠芳草，梦随蝴蝶西东。

【注】上联集张玉田《木兰花慢》、吴梦窗《解连环》句；下联集苏东坡《清平乐》、陈西麓《木兰花慢》句。

银汉是红墙，一带遥相隔；
鸾镜与花枝，此情谁得知。

【注】上联集毛文锡《醉花间》句；下联集温庭筠《菩萨蛮》句。

清水出芙蓉，天然去雕饰；
白鸥没浩荡，万里谁能驯。

——赠儿子梁思成

春水满塘生，鸿鹚还相趁；
东岸绿荫少，杨柳更须栽。

【注】上联集张泌《醉花间》句；下联集辛稼轩《水调歌头》句。

春水满塘生，鸿鹚还相趁；
蝴蝶上阶飞，风帘自在垂。

【注】上联集张泌《醉花间》句；下联集陈子高《菩萨蛮》句。

欲寄此情，鸿雁在云鱼在水；

偷催春暮，青梅如豆柳如丝。

【注】上联集毛滂《玉楼春》、晏同叔《清平乐》句；下联集史邦卿《绮罗香》、冯正中《阮郎归》句。

寒雁先还，为我南飞传我意；

江梅有约，爱他风雪耐他寒。

【注】上联集辛稼轩《汉宫春》、韦端己《归国谣》句；下联集程劝过《满江红》、朱希真《鹧鸪天》句。

小院春寒，海燕飞来窥画栋；

空江岁晚，柳花无数送舟归。

【注】上联集谢勉仲《浪淘沙》、冯正中《蝶恋花》句；下联集周草窗《三姝媚》、秦少游《虞美人》句。

燕子不归，几日行云何处去；

海棠依旧，去年春恨却来时。

【注】上联集谢勉仲《浪淘沙》、欧阳永叔《蝶恋花》句；下联集李易安《如梦令》、晏小山《临江仙》句。

燕子来时，更能消几番风雨；

夕阳无语，最可惜一片江山。

【注】上联集王晋卿《忆故人》、辛稼轩《摸鱼儿》句；下联集张文潜《风流子》、姜白石《八归》句。

芳草接天涯，几重山几重水；

坠叶飘香砌，一番雨一番风。

【注】上联集周美成《浣溪沙》、子野《碧牡丹》句；下联集范希文《御街行》、

耘叟《木兰花慢》句。

高处不胜寒，见姮娥瘦如来；
无情应笑我，楼虚空睡到明。
【注】上联集苏东坡《水调歌头》、吴梦窗《一寸金》句；下联集苏东坡《念奴娇》、朱希真《减字木兰花》句。

今夕是何年？霜娥相伴孤照；
轻阴便成雨，海棠不分春寒。
【注】上联集苏东坡《水调歌头》、吴梦窗《花犯》句；下联集佚名《祝英台近》、李滨洲《清平乐》句。

小楼吹彻玉笙寒，自怜幽独；
水殿风来暗香满，无限思量。
【注】上联集李伯玉《浣溪沙》、周美成《大酺》句；下联集苏东坡《洞仙歌》、秦少游《画堂春》句。

细草和烟尚绿，遥山高晚更碧；
黄叶无风自落，秋云不雨长阴。
【注】上联集周美成《浪淘沙慢》句；下联集孙巨源《何满子》句。

蝴蝶儿晚春时，又是一般闲暇；
梧桐树三更雨，不知多少秋声。

——赠胡适

【注】上联集张泌《蝴蝶儿》、辛稼轩《丑奴儿近》句；下联集温飞卿《更漏子》、张玉田《清平乐》句。

小楼昨夜东风，吹皱一池春水；

梧桐更兼细雨，能消几个黄昏。

【注】上联集李煜《虞美人》、冯正中《谒金门》句；下联集李易安《声声慢》、赵德麟《清平乐》句。

酒醒帘幕低垂，烛影摇红夜将半；

雨过园林如绣，东风吹柳日初长。

【注】上联集晏小山《临江仙》、蔡伸道《洞仙歌》句；下联集佚名《念奴娇》、秦少游《画堂春》句。

楼上几日春寒，杜鹃声里斜阳暮；

西窗又吹暗雨，红藕香残玉簟秋。

【注】上联集李易安《壶中天慢》、秦少游《踏莎行》句；下联集姜白石《齐天乐》、李易安《一剪梅》句。

试凭他流水寄情，却道海棠依旧；

但镇日绣帘高卷，妨它双燕归来。

【注】上联集王碧山《锁窗寒》、李易安《如梦令》句；下联集卢蒲江《倦寻芳》、晁次膺《清平乐》句。

满身花影倩人扶，我欲醉眠芳草；

几日行云何处去？除非问取黄鹂。

【注】上联集晏小山《虞美人》、苏东坡《西江月》句；下联集欧阳永叔《蝶恋花》、黄山谷《清平乐》句。

呼酒上琴台，把吴钩看了阑干拍遍；

明朝又寒食，正海棠开后燕子来时。

【注】上联集吴梦窗《八声甘州》、辛稼轩《水龙吟》句；下联集姜白石《谈黄柳》、王晋卿《忆故人》句。

冷照西斜,正极目空寒,故国渺天北;
大江东去,问苍波无语,流恨入秦淮。
【注】上联集周草窗《高阳台》、张玉田《忆旧时》、姜白石《惜红衣》句;下联集苏东坡《念奴娇》、吴梦窗《八声甘州》、西里《八声甘州》句。

国民赖公有人格;
英雄无命亦天心。

挽梁启超联

十余年患难交深,有同骨肉,舍时去何先,著书未完难瞑目;
数小时行程迟误,莫接声容,悲余来已晚,抚棺一痛更伤心。

——熊希龄

矢志移山亦艰苦;
人才如海更纵横。

——冯玉祥

读万卷书,行万里路,公直天下健者;
生有自来,死有所归,我为斯世惜之。

——王士珍

——鲁　迅——

【语文名片】

鲁迅（1881年—1936年），原名周樟寿，笔名鲁迅，字豫山、豫亭，后改字为豫才，1898年改名为周树人。20世纪中国重要作家，新文化运动的领导人、左翼文化运动的支持者，是现代文学家、思想家、革命家。鲁迅的作品包括杂文、短篇小说、评论、散文、翻译作品，对于五四运动以后的中国文化与中国文学产生了深刻的影响。毛泽东评价他是伟大的无产阶级的文学家、思想家、革命家，是中国文化革命的主将，也被人民称为"民族魂"。他的著作以小说、杂文为主，代表作有：小说集《呐喊》《彷徨》《故事新编》，散文集《朝花夕拾》，散文诗集《野草》，杂文集《坟》《热风》《华盖集》《南腔北调集》《三闲集》《二心集》《而已集》等18部。

> 鲁迅先生的小说、散文、诗歌、杂文共数十篇被选入中小学语文课本。小说:《狂人日记》《孔乙己》《药》《一件小事》《故乡》《阿Q正传》《社戏》《祝福》等。散文:《风筝》《阿长与〈山海经〉》《记念刘和珍君》《从百草园到三味书屋》《范爱农》《藤野先生》《为了忘却的记念》等。杂文:《〈呐喊〉自序》《论雷峰塔的倒掉》《灯下漫笔》《论"费厄泼赖"应该缓行》《文学和出汗》《"丧家的""资本家的乏走狗"》《"友邦惊诧"论》《拿来主义》《中国人失掉自信力了吗》等。

【名联赏析】

鲁迅应对联

独角兽;(寿镜吾)

比目鱼。(鲁迅)

——鲁迅对业师寿镜吾

鲁迅少年时在故乡绍兴"三味书屋"就读,有次"对课",业师寿镜吾出题"独脚兽"要求学童当堂对出,鲁迅所对"比目鱼",得到先生称赞。"独",不是数字而含有"单"的意思,"比"也不是数字却有"双"的意思,对来实属不易。"比目鱼"典出《尔雅》,足见少年鲁迅读书之广泛,运用之灵活。针对私塾先生给出的上联，鲁迅的同窗纷纷对以"两头蛇""三脚蟾""八脚虫""九头鸟"等，唯独鲁迅根据《尔雅》对以"比目鱼"。"独角兽"是天庭祥物，"比目鱼"则是海中珍品，珠联璧合，妙绝！先生赞叹不已，他肯定的不仅是鲁迅灵活驾驭文字的能力，更是其纯正的心性，因为"比目鱼"和"独角兽"一样神奇高雅，不像"两头蛇"等那样恐怖丑陋。

横眉冷对千夫指；
俯首甘为孺子牛。

——（鲁迅《自嘲》）

鲁迅先生有一首著名的旧体诗《自嘲》，这是其中颈联，已被看成是一副传世名联。这副名联所化用的典故却鲜为人知。清代诗人、贵州督学洪亮吉《长江诗话》中载，古时有一个怀才不遇的秀才，常常在酒足饭饱后与儿童嬉戏为乐，一次写联聊以自慰：酒酣或化庄生蝶；饭饱甘为孺子牛。

鲁迅先生夜读《长江诗话》，有感而发，反其意而用之，遂作《自嘲》一诗。他在《自嘲》跋语中写道："达夫赏饭，闲人打油，偷得半联，凑成一律。"

望崦嵫而勿迫；
恐鹈鴂之先鸣。

——鲁迅集《离骚》述志

1924年9月8日，鲁迅集《离骚》诗句成此联，当日请友人乔大壮书写，遂悬于北京西三条胡同"老虎尾巴"书屋西壁以自勉。1935年12月5日鲁迅应友人杨霁云之嘱，又亲书此联。上联见屈原《离骚》"吾令羲和弭节兮，望崦嵫而勿迫"。意谓，我叫羲和暂停不走，希望太阳不马上向崦嵫迫近。羲和，神话中给太阳驾车的人。弭节，停止不前。崦嵫，神话中落日之处。下联见《离骚》"恐鹈鴂之先鸣兮，使夫百草为之不芳"。意谓，恐怕杜鹃过早地鸣叫，使花草芳尽香消。鹈鴂，即杜鹃，多于百花零落之春末夏初鸣叫。鲁迅各取原文半句，巧妙地组织成联。上联说：希望时间流逝得慢一点，以便做更多的工作。下联说：唯恐岁月提早来到，要做的工作不能完成。永恒的自然与短暂的人生形成巨大的心理落差，激起有识之士对时间的紧迫感与对社会的使命感。大禹惜寸阴，陶侃惜分阴，鲁迅则分秒必争把喝咖啡的时间都用在工作上。他毕生坚定的信念是，只要活着就得为社会做事，为人类造福。他说："时间就是性命"（《门外文谈》），"节省时间，也就是使一个人的有限的生命，更加有效，而也即等于延长了人的生命"（《禁用和自造》），"失掉了现在，也就没有了未来"（《且介亭杂文·序言》）。这些宝贵的箴言，也可作为这副对联的注脚。

人生得一知己足矣；
斯世当以同怀视之。

——赠瞿秋白

瞿秋白（1899年—1935年），江苏常州人。参加"五四运动"，为《新青年》《向导》等刊物编辑。曾任中共中央临时政治局常委、主席。后在上海与鲁迅等一起领导左翼文化运动，遭国民党逮捕就义。有《瞿秋白文集》传世。

此联上联落款具"疑仌道兄属"；下联落款具"洛文录何瓦琴句"。疑仌，即瞿秋白。仌（bīng），古"冰"字。"疑仌"二字合起来为"凝"字。瞿秋白笔名何凝（有时也写魏凝）。道兄，旧称志同道合的人。属，即嘱，谓对方请求书写。洛文，鲁迅笔名。国民党反动派曾通缉鲁迅，称他为"堕落文人"。鲁迅即以"隋洛文"做笔名，表示抗议，"何瓦琴"，名溱（zhēn），字方谷，浙江省钱塘人，金石篆刻家，生活于清嘉庆至同治年间，喜集联。此联即他所集禊帖字而成。据有关材料推算，此联当写于1933年3月。鲁迅与瞿秋白志同道合，情深谊厚，借用此联恰当至极。

郭沫若挽鲁迅

方悬四月，叠坠双星，东亚西欧同殒泪；
钦诵二心，憾无一面，南天北地遍招魂。

1936年10月19日，鲁迅先生因肺结核病逝于上海，葬于虹桥万国公墓，上海上万民众自发举行公祭、送葬。在他的灵柩上覆盖着一面旗帜，上面写着"民族魂"三个字。与鲁迅共过事而不曾见过一面的郭沫若，在日本闻讯后心中十分悲痛。当晚作《民族的杰作——悼唁鲁迅先生》文，并撰此联以示悼念。"方悬"句，鲁迅先生逝世前四个月，即6月18日，苏联文学家高尔基逝世，因有此句。"方悬四月，叠坠双星"是说刚刚相隔四个月，接连坠落了高尔基和鲁迅两颗文学巨星。"钦诵二心，憾无一面"是说自己怀着钦敬的心情诵读鲁迅的《二心集》，但在鲁迅临去世前两人没有见最后一面，深感遗憾。《二心集》是鲁迅最为满意的一本杂文集，他曾说过："我的文章，也许是《二心集》中比较锋利。""二心"是采用了以部分代整体的借代的修辞手法，此代指鲁迅作品。"东亚西欧""南天北地"，用方位名词相对，表示鲁迅巨星陨落，天地同悲。此联感情诚挚，用语平允，对仗最为工稳，在郭氏联语中当属上乘。

返国空余挂墓剑；
斫泥难觅运风斤。

——郭沫若

1942年10月，郭沫若在创作历史剧《孔雀胆》时，曾得到友人杨亚宁的帮助。杨亚宁购得鲁迅石膏浮雕像一具，请郭沫若写一副对联，郭沫若欣然命笔。时值鲁迅逝世六周年，联后附言："余与鲁迅素未谋面而时受其斥责，虽当时受之每有难忍之处，但今则求之而不可得矣。"20世纪30年代前后，由于不了解鲁迅对革命的态度，思想上受教条主义、宗派主义的影响较深，创造社元老郭沫若曾数度攻击鲁迅，最突出的一次是1928年8月他用"杜荃"的笔名在《创造月刊》上发表了《文艺战线上的封建余孽》，鲁迅不得已写了《"硬译"与"文学的阶级性"》(《二心集》)予以驳斥，郭"受其斥责"当指此事。郭老虽不与鲁迅见面，但他能坚持真理、修正自己的错误。鲁迅逝世后，觉其言不啻药石，特别是他从鲁迅的革命言行中，重新认识了鲁迅，增添了对鲁迅的敬仰之情。

上联说，十年流亡归国，本想就从前的谬妄向鲁迅当面表示歉忱，如今已落了空。返国，郭沫若于1928年2月下旬接受党的指示流亡日本，1937年7月27日秘密回国。空余，郭沫若归国时，鲁迅已于1936年10月19日逝世。挂墓剑，《史记·吴太伯世家》载，春秋时吴公子季札出使，路过徐国，徐国君主看中季札宝剑，想要又不肯开口，季札看出他的心意，决定送给他，但因出使的需要暂时没给，等到出使回来，徐君已死，于是把宝剑挂在墓旁树上，信守自己的初心。后来遂以"挂剑"表示对亡友的吊唁、追怀及信义。郭沫若借此表示对鲁迅先生生死不渝的友情。下联说，他不在世，自己身上有了缺点就很难找到像他那样严明的净友了。斫泥，除去污泥、缺点。宋杨万里《和仲良春晚即事》诗："我语真雕朽，君诗妙斫泥。"运风斤，《庄子·徐无鬼》载，有个郢地人鼻上沾了一滴泥点，薄如蝇翼，请石匠替他削掉，石匠挥动斧头，呼呼作响，随手劈下，削去泥点，那泥点削尽而鼻子未受一点损伤。后世就用"运风斤"比喻具有高超技能的人，或指大手笔。鲁迅喜爱《庄子》，郭沫若用鲁迅喜爱的著作词语赞扬他，别有一番深情。

联语是流水对，上下句意思连贯，所用典故，十分贴切，充分表现了作者勇于解剖自己，坚持真理的崇高风格。郭沫若的艺术风格和鲁迅的艺术风格差别较大，就好像李白和杜甫的艺术风格不同一样，但他对鲁迅逝世的惋惜、对鲁迅的怀念、敬仰之情是真挚的。此联情深义重，其拳拳之心灼灼感人！

平生功业尤拉化；

旷代文章数阿 Q。

——郭沫若挽鲁迅

上联赞扬鲁迅提倡文字改革的功绩。"拉化",指拉丁化新文字是,一种用拉丁字母拼写汉语、"以北方语言为尺度"的计划,1931 年由瞿秋白、吴玉章等制订。鲁迅"特别加意促进"。1935 年 12 月,蔡元培、鲁迅、郭沫若等人在《咱们对于推行新文字的看法》上签名,积极推行新文字。下联"旷代",谓世所未有,乃极力推崇鲁迅的中篇小说《阿 Q 正传》。它是中国杰出的作品之一。郭沫若对鲁迅这一杰作极其推重,这在当时是极有远见的,后来的历史也证明这篇力作是可以列入世界文学宝库的!此联从两方面评价鲁迅,正确,稳当。

【拓展链接】

鲁迅作
心事浩茫连广宇;
于无声处听惊雷。

(鲁迅《无名》)

血沃中原肥劲草;
寒凝大地发春华。

(鲁迅《无题》)

忍看朋辈成新鬼;

L部

怒向刀丛觅小诗。

（鲁迅《为了忘却的纪念》）

无情未必真豪杰；
怜子如何不丈夫。

（鲁迅《答客诮》）

度尽劫波兄弟在；
相逢一笑泯恩仇。

（鲁迅《题三义塔》）

岂有豪情似旧时；
花开花落两由之。

（鲁迅《悼杨铨》）

鲁迅撰联
死了就算罢了；
活着又该怎样。

——挽"三·一八"惨案遇难者

横眉看他千夫指；
俯首甘为孺子牛。

——挽杨杏佛

隔靴搔痒赞何益；
入木三分骂亦精。

——集郑板桥句赠日本学者增田涉

是七尺男儿，生能舍己；
作千秋雄鬼，死不还家。

——挽瞿秋白

135

绍兴故居联

人淡似菊；
屋小如舟。

———三味书屋联

至乐无声惟孝悌；
太羹有味是诗书。

———三味书屋联

上海故居联

怒将匕首投豺虎；
甘为人民作马牛。

———于海洲题

赠、题鲁迅联

英雄气魄云为被；
志士情怀海作家。

———郭沫若赠鲁迅

挽鲁迅联

侠骨柔肠，横眉俯首；
胸中海岳，笔底风雷。

———钱昌照挽鲁迅

敌乎？友乎？余惟自问；
知我，罪我，公已无言。

———徐懋庸挽鲁迅

荷戟独彷徨，岂惜芳心遗远者；

大圜犹酩酊,如磐夜气压重楼。

——罗庸挽鲁迅

著作最谨严,岂徒中国小说史;
遗言犹沉痛,莫作空头文学家。

——蔡元培挽鲁迅

译著尚未成书,惊闻陨星,中国何人领呐喊?
先生已经作古,痛忆旧雨,文坛从此感彷徨。

——斯诺、姚克同挽鲁迅

要打叭儿落水狗,临死也不宽容,懂得进退攻守,岂仅文坛闯将;
莫作空头文学家,一生最恨帮闲,敢于嬉笑怒骂,不愧思想权威。

——陈毅挽鲁迅

鲁迅是奔流,是瀑布,是急湍,但将来总有鲁迅的海;
鲁迅是霜雪,是冰雹,是恒寒,但将来总有鲁迅的春。

——郭沫若

——老 舍——

【语文名片】

老舍（1899年—1966年），现代小说家、剧作家。原名舒庆春，字舍予，满族，北京人。在40多年的创作生涯中，他写作勤奋，孜孜不倦地涉猎文学创作的各个领域，是位多产作家。他一生写作了1000多篇（部）作品，有作品集《老舍文集》（16卷）。主要作品有《老张的哲学》《赵子曰》《二马》《猫城记》《离婚》《月牙儿》《骆驼祥子》《四世同堂》《鼓书艺人》《我这一辈子》《正红旗下》《牛天赐传》及《女店员》《春华秋实》《龙须沟》《茶馆》等小说、剧本、杂文、报告文学多种。1951年12月获北京市人民政府授予的"人民艺术家"称号。三幕话剧《茶馆》是老舍的巅峰之作，成为我国戏剧艺术殿堂的一颗璀璨明珠。《骆驼祥子》是中国现代文学史的重要作品，曾被译为20余种语言出版。老舍是一位拥有广泛世界影响的文学艺术大师，对中国文学与世界文学产生了重要影响。

老舍的作品在中小学语文教材中占有不可替代的地位。2010年人教社教科书使用作家作品的排名统计，老舍的作品入选数量最多，有29篇。《猫》《北京的春节》《济南的冬天》《在烈日和暴雨下》《想北平》《断魂枪》《茶馆》（节选）等曾入选各种版本语文教材。

【名联赏析】

挽老舍

此志得舒；

为民舍予。

——端木蕻良

这是一副嵌名联，联嵌老舍之名舒舍予。嵌名，是将人名、地名、店铺名等拆开，分嵌于上下联中的修辞方式。老舍原名舒庆春，字舍予，是驰名中外的作家。此联嵌舒舍予名字，高度赞赏了他为国民贡献毕生了精力。

老舍撰联

素园陈瘦竹；

老舍谢冰心。

——自撰串名联

此联撰于抗战期间，联语全用人名，未加任何词语。巧思精构，令人叹为观止。

这是一副特殊的嵌名联，上下联均集作家的名字而成。上联中的素园即著名翻译家韦漱园，陈瘦竹是著名的小说家和戏剧理论家；下联中的老舍和谢冰心都是大家熟知的著名作家。作者通过语义双关，把四位作家的名字组成了一副风清骨峻的趣联。按联面的字意，可以理解为素雅的庭园里，挺立着几枝清瘦的秀竹；感谢旧舍中的简朴生活，赐予了主人晶莹高洁的品格。

这是一种游戏诗，但也极富深情、深意。抗日战争时期，冰心被宋美龄以"同窗学友"的名义亲自邀请到重庆，本有政府安排的住宅。冰心工作一段时间后，觉得不适应，就千方百计地辞了职，继续从事自由写作。她在歌乐山的半山腰购买了一座土坯房，也就是"老舍"。虽然是平民住宅，但环境甚美，严严实实地被松树林包围着，树林中依稀夹着一些竹子，称得上"素园陈瘦竹"。这处"素园"浓荫蔽日，密林挡风，冬暖夏凉，还可远眺嘉陵江，冰心很喜欢，就把这幢房子命名为"潜庐"。与冰心大不一样，老舍是抗战文学的主要领导人。除了勤奋创作外，老舍还要联络各方，组织各种活动，并上前线采访和慰问将士。仅1939年下半年就先后到了五个战区，行程两万多里。为了工作，也为了友情，老舍经常来冰心的"潜庐"，喝了酒后就躺在走廊里的帆布床上休息，惬意极了。在工作极其繁重而且充满激烈斗争的领导抗战文艺的岁月里，这种时光更为难得，老舍自然要"谢"冰心了。

上联写景，以竹喻人；下联抒情，不露痕迹地化用了唐朝诗人王昌龄的"洛阳亲友如相问，一片冰心在玉壶"的诗意，这在抗日战争年代，自然有其特殊的深意。联中的"陈""谢"两字活用得很妙。尤其是一个"谢"字，既赋予"老舍"以思想感情，又升华了全联的意境，还显示了作者在艰苦的战争年代开朗乐观、幽默风趣、积极进取的精神面貌。真可以说是"丽辞雅义，符采相胜"（《文心雕龙》），匠心独具，巧妙绝伦！

【拓展链接】

老舍撰联集

学知不足；
文如其人。

——赠臧克家

曲高和众；
波远泽长。

——赠曲波

云水巴山雨；
文章金石声。

——赠巴金

鬼狐有性格；
笑骂成文章。

——题蒲松龄故居

努力如是之者；
成功其庶几乎。

——赠于是之

付出九牛二虎力；
不作七拼八凑文。

——自题

贞如翠竹明于雪；
静似苍松矫若龙。

——赠崔嵬

报国文章尊李杜；
攘夷大义著春秋。

——自题

鸡声茅屋听风雨；
戈盾文章起斗争。

——老舍贺茅盾五十寿

清流笛韵微添醉；
翠阁花香勤著书。

——赠赵清阁

M部

——孟 子——

【语文名片】

孟子(约公元前372年—公元前289年),名轲,字子舆,邹人,战国时期伟大的思想家、政治家、教育家,儒家学派的代表人物。

政治上,他主张法先王、行仁政;学说上,他推崇孔子,反对杨朱、墨翟。

孟子继承并发展了儒家思想,加入自己对儒术的理解,被加封为"亚圣公",后世尊称其为亚圣。《孟子》一书属语录体散文集,是孟子的言论汇编,由孟子及其弟子共同编写完成。他提倡仁政,提出"民贵君轻"的民本思想,游历于齐、宋、滕、魏、鲁等诸国,希望追随孔子推行自己的政治主张,前后历时二十多年。但孟子的仁政学说被认为是"迂远而阔于事情",而没有得到实行。最后他退居讲学,和他的学生一起,"序《诗》《书》,述仲尼(即孔子)之意,作《孟子》七篇"。

《得道多助，失道寡助》《生于忧患，死于安乐》《鱼我所欲也》《庄暴见孟子》等入选语文教材。

【名联赏析】

入则孝，出则悌，守先王之道以待学者；
仰不愧，俯不怍，得天下英才而教育之。

——集《孟子》句题孟庙。

孟庙，又称"亚圣庙"，是历代祭祀孟子的地方。孟子有庙奉祀始于宋景祐四年（1037年），创建于邹县东北12公里的四基山西南麓，孟子陵墓前。后迁于现邹县城南关。

《孟子·滕文公下》："入则孝，出则悌，守先王之道，以待后学者。"《孟子·尽心上》："君子有三乐，而王天下不与存焉。父母俱存，兄弟无故，一乐也；仰不愧于天，俯不怍于人，二乐也；得天下英才而教育之，三乐也。君子有三乐，而王天下不与存焉。"悌，敬爱兄长，常与"孝"并列，称为"孝悌"。怍，心中羞愧。联句极精当地反映了孟子的思想。

尊王言必称尧舜；
忧世心同切孔颜。

——乾隆题孟庙

这副对联是清乾隆帝于二十二年（1757年）南巡路过邹县

时所提。尊王,效忠统治者。《孟子·滕文公上》:"孟子道性善,言必称尧舜。"切,贴近。"孔颜"是指孔子及孔子的学生颜回。"孔",一作"禹"。上联说,人们都应该像孟子那样,忠于王朝。下联说,为世事而忧,心贴"孔颜"。该联指出了孟子是做人的标准。梁章钜对此联的评价是:"盖乾隆二十二年南巡过邹县时所制,奎藻昭回,当与七篇之书同寿天壤也。"

【拓展链接】

孟子祠(杭州孔庙)
三德达才修勇故不怠;
四科从政事果则无难。

战国风趋下;
斯文日再中。
　　　　　　　　　　——集灵岩诗人黄野鸿句

孔门功冠三千士;
周室生当五百年。
　　　　　　　　　　——清代诗人田实发

舍伯夷之清伊尹之任柳惠之和愿学孔子;
能富贵不淫贫贱不移威武不屈此谓丈夫。
　　　　　　　　　　——苏开泰

由仁居义传尧舜禹汤文武周孔之道;

知言养气充恻隐羞恶恭敬是非之心。

——苏开泰

千里而来何必曰利亦有仁义而已矣；
百世之下莫不兴起况于亲炙之者乎。

——集《孟子》句

孟府

传家世守三迁训；
七篇仁义报国常。

——孟子七十代孙孟广钧书题孟府大堂

锦世泽莫如为善；
振家声还是读书。

——孟子嫡裔、七十三代孙孟庆棠书题孟府世恩堂

溯懿训于三迁二千载踵出哲嗣；
荐蒸尝于五世亿万祀礼重宗孙。

——清代学者汤金钊书题孟府五代祠

题孟子

天将降大任也，为传圣道悠远，堪与素王比肩祀；
时岂无巨擘哉？乃发仁义精微，每令后学扪膺思！

O部

——欧阳修——

【语文名片】

欧阳修(1007年—1072年),字永叔,号醉翁、六一居士。吉州吉水人,北宋卓越的文学家、史学家、政治家。因吉州原属庐陵郡,以"庐陵欧阳修"自居。官至翰林学士、枢密副使、参知政事,谥号文忠,世称欧阳文忠公。后人又将其与韩愈、柳宗元和苏轼合称"千古文章四大家"。与韩愈、柳宗元、苏洵、苏轼、苏辙、王安石、曾巩被世人称为"唐宋八大家"。欧阳修是在宋代文学史上最早开创一代文风的文坛领袖,领导了北宋诗文革新运动,继承并发展了韩愈的古文理论。在文和道的关系上,他和韩愈一样也强调道对文的决定作用,认为道是内容,如金玉,文是形式,如金玉发出的光辉。他的散文创作的高度成就与其古文理论相辅相成,从而开创了一代文风。

《伶官传序》《与高司谏书》《醉翁亭记》《丰乐亭记》《泷冈阡表》《秋声赋》等曾入选语文教材。

【名联赏析】

清风明月本无价;（欧阳修）
近水遥山皆有情。（苏长史）
　　——清梁章钜集欧阳修、苏长史句题江苏省苏州沧浪亭

沧浪亭，位于苏州城南，游览胜地之一。曾为北宋诗人苏舜钦家园，后为韩世忠宅园。苏舜钦因感于"沧浪之水清兮，可以濯我缨；沧浪之水浊兮，可以濯我足"之词而命名此亭。本联为集句联。上联集欧阳修诗句，下联集苏长史诗句。梁章钜巧集妙采，如同自己手笔，天造地设，工丽无比，堪称佳联。

翁去八百载，醉乡犹在；
山行六七里，亭影不孤。
　　——佚名题安徽省滁州市琅琊山醉翁亭

醉翁亭因欧阳修及其《醉翁亭记》而闻名遐迩，数百年来虽然历遭变劫，但终不为人所忘，正如醉翁亭中这副对联所言。醉翁亭一带的建筑，布局紧凑别致，亭台小巧独特，具有江南园林特色。现在的醉翁亭，总面积虽不到1000平方米，四面环山的亭园却内有九院七亭，风格各异，互不雷同，人称"醉翁九景"。醉翁亭依山傍水，幽雅而宁静。这里古树婆娑，亭台错落，青山如画，碧水潺流，环境十分优美。整个布局严谨小巧，曲折幽深，富有诗情画意。亭中新塑的欧阳修立像，神态安详。亭旁有一巨石，上刻圆底篆体"醉翁亭"三字。

O部

本联约作于清代中叶,故云"翁去八百载",点出时间;亭在山中,故云"山行六七里",点出空间。联语明白如话,但联中隐有巧妙构思,上下联嵌进了"醉翁亭"三字,使人读后产生无穷的遐想。

衔远山,吞长江,其西南诸峰,林壑尤美;
送夕阳,迎素月,当春夏之交,草木际天。
——清伊秉绶集《醉翁亭记》句题江苏省扬州市平山堂

此联系伊秉绶集宋代文学家范仲淹、欧阳修、王禹偁、苏轼四名家名篇之佳句而撰成。一说为徐仁山集句联。上联中"衔远山,吞长江",出自范仲淹的《岳阳楼记》:"衔远山,吞长江,浩浩荡荡,横无际涯;朝晖夕阴,气象万千。""其西南诸峰,林壑尤美",出自欧阳修的《醉翁亭记》:"其西南诸峰,林壑尤美,望之蔚然而深秀者,琅琊也。"下联中的"送夕阳,迎素月",出自王禹偁的《黄冈竹楼记》:"待其酒力醒,茶烟歇,送夕阳,迎素月,亦谪居之胜概也。""当春夏之交,草木际天",出自苏轼的《放鹤亭记》:"当春夏之交,草木际天,秋冬雪月,千里一色,风雨晦明之间,俯仰百变。"这副荟萃宋代四名家杰作佳句而撰成的妙联,形象生动地勾画出了夕阳晚照、幽雅清隽的胜境,动静兼备,情景交融,实是我国名胜古迹浩如烟海题联中的上乘之作。

【拓展链接】

欧阳修墓（新郑）
醉态想当年，读太守文章，仪型宛在；
怡情游此地，揽江山胜概，古冢岿然。

——袁永湘

太守仍游哉？宋室江山早易；
醉翁独乐乎？墓园草木常青。

神道伴佳城，新郑景添烟雨秀；
文章传妙笔，庐陵风送荻花香。

——欧阳继询

风范古今崇，神道碑连烟雨墓；
文章天下仰，平山堂纪醉翁亭。

——陶绍景

翁之乐者山林，峰回路转，半郭半村，以外得画桥绿水；
客亦知乎景色，月小天高，一觞一咏，座中无乐管繁弦。

——苏自宽

身在文坛文灿烂；
名留史册史辉煌。

——沈其丽

生有闻于时，死有传于世，如斯足矣；
名既遂不满，功既成不居，其品超然。

——汤德懋

O部

三贤祠（扬州）

凉意生竹树；

疏雨滴梧桐。

——集张说、孟浩然句

【注】祀宋韩琦、欧阳修、苏轼。

遗韵满江淮，三家一律；

爱才如性命，异世同心。

——郑燮

一代两文忠，到处风流标胜迹；

三贤同俎豆，何人尚友似先生。

——卢见曾

胜地景芳徽，卅载三贤俱典郡；

同龛昭祀典，两文一献共称忠。

——罗茗香

【注】三人均做过扬州太守。韩谥忠献，欧阳谥文忠，苏谥文忠。

欧阳修祠（扬州蜀冈）

酒酌碧筒杯，到此山翁仍一醉；

文成青史笔，允宜坡老定千秋。

——徐文达

遗构溯欧阳，公为文章道德之宗，侑客传花，也自徜徉诗酒；

名区冠淮海，我从丰乐醉翁而至，携云载鹤，更教旷览江山。

——薛时雨

大江南北，亦有湖山，来自衡岳洞庭，休道故乡无此好；

近水楼台,尽收烟雨,论到梅花明月,须知东阁占春多。

——彭玉麟

胜迹溯欧阳,当年风景如何?试问桥头明月;
高吟怀水部,此去云山更远,重探岭上梅花。

——金粟香

醉翁亭(安徽滁州)
并未成翁,到处也须杖履;
不能一醉,此来辜负山林。

人生百年,把几多风光琴尊等闲抛却;
是翁千古,问尔许英雄豪杰那个醒来。

集欧阳修诗句联
千里飘囊归叶省;
一屏棋局付欧公。

——佚名题安徽省枞阳县浮山会圣岩

翁所乐者山林也;
客亦知夫水月乎。

——于新集化用欧阳修、苏轼句题福建省连江县青芝寺

燕子来时,细雨满天风满园;
阑干倚处,青梅如豆柳如烟。

——张履谦集欧阳修《六一词》句题江苏省苏州市拙政园

O部

欧阳修胜迹、故居联

泉声如听太守操；
海日已照琅琊山。

————佚名题安徽省滁州市琅琊山冯公祠

饮既不多缘何能醉；
年犹未迈奚自称翁。

————佚名题安徽省滁州市琅琊山醉翁亭

P部

——蒲松龄——

【语文名片】

蒲松龄（1640年—1715年），字留仙，又字剑臣，号柳泉居士，世称聊斋先生，自称异史氏。他出身没落地主家庭，连续四次参加科举考试，全部落榜。直到71岁才援例为为岁贡生。清文学家，著有文言文短篇小说集《聊斋志异》。全书共有短篇小说491篇。题材广泛，内容丰富，用典雅清丽的文言文、唐人传奇的手法，谈狐说鬼，志怪述异，取得了辉煌的艺术成就。作品成功地塑造了众多的艺术典型，人物形象鲜明生动，故事情节曲折离奇，结构布局严谨巧妙，文笔简练，描写细腻，堪称我国古典文言短篇小说之巅峰。

《山市》《狼》《促织》等入选语文教材。

【名联赏析】

集腋为裘，妄续幽冥之录；
浮白载笔，仅成孤愤之书。

——《聊斋志异·自志》

上联：集腋为裘，腋，腋下，指狐狸腋下的皮毛；裘，皮袍。指狐狸腋下的皮毛虽小，但聚集起来就能制成皮衣。比喻好的东西积少成多。集腋为裘，我妄续刘义庆的幽冥之录。《幽明录》，亦作《幽冥录》《幽冥记》，南朝宋宗室刘义庆所撰志怪小说集，30卷，原书已散佚。鲁迅《古小说钩沉》中辑得二百六十五则。《幽明录》是魏晋南北朝时期志怪小说的代表作之一，《聊斋志异》则标志着文言短篇小说发展到成熟期的最高成就。刘义庆是南朝宋武帝刘裕的侄子，袭封临川王。他曾因同情贬官王义康而触怒文帝，在地方任职时也耳闻目睹民众惨遭战乱的荼毒，巨大的精神压力促使他将目光移向文学创作。据史料记载，刘义庆笃信佛教，相信因果轮回，"晚年奉养沙门，破致费损"；同时他也非常爱好文学——"为性简素，寡嗜欲，爱好文义""招聚文学之士，远近毕至"。这些影响反映在《幽明录》中，就体现了现实性与理想性的并存：一方面如实叙写了社会上的阴暗丑恶（如《汉武帝杀人》《藻兼》），一方面又寄寓了幻想中的美好与希冀（如《刘晨阮肇》《黄原与妙音》），这也是同时代志怪小说所共有的特征。《聊斋志异》中的故事，很大一部分是从前代志怪小说中提取某些题材予以再创作——所谓"集腋为裘,妄续幽冥之录",其中的某些篇章,就直接以《幽明录》里的故事为本事,比如《聊斋志异》卷三《陆判》以《幽明录》中《贾弼之》为本事、《聊斋志异》卷四《续黄粱》以《幽明录》中《焦湖庙祝》为本事、《聊斋志异》卷七《阿绣》以《幽明录》中《卖胡粉女子》为本事等。这可以说最为直接地体现了《聊斋志异》对《幽明录》在题材上的继承。当然,蒲松龄对这些故事并不是简单地照搬,而是充分发挥自己的艺术想象,在表现手法上进行高超的创新,从而达到了青出于蓝而胜于蓝的艺术效果。

下联:浮,罚人饮酒;白,指专用来罚酒的大杯;浮白,指喝酒和干杯;载笔,拿着笔。一面喝酒,一面写作。旧时比喻文人的雅量和才气。浮起大杯酒来写作,独自酿成像韩非子的《孤愤》之篇。蒲松龄称自己的《聊斋志异》为"孤愤之书"。其所以"愤"与作者所处的社会大背景,人生经历有关。蒲松龄生于书香门第,早年热衷功名。19岁初应童子试,获县、府、道三个第一,因而声名大振。但以后在科举路上奔波几十年,却未能得志遂愿。蒲松龄亲历了那个时代读书人科场失意,求仕无途,终而潦倒一生的生命历程。其丰富的生活阅历,对人生深邃而真切的体验,对封建社会弊端清醒而深刻的认识,诚如其在《与韩刺史樾依书》中所言,"仕途黑暗,公道不彰,非袖金输璧,不能自达于圣明,真令人愤气填胸,欲望望然哭向南山而去",于是,"浮白载笔,仅成孤愤之书"。

述志联

滴水难起三尺浪；
星火能烧万重山。

——蒲松龄

相传在赴京应试途中,蒲松龄与一举子同行,那举子想试他的学识,即出句求对。蒲随口对成此联。下联反上联语意,高下立见,由此可以看出蒲松龄胸有大志,怀抱奇才。

写鬼写妖,高人一筹；
刺贪刺虐,入骨三分。

——郭沫若于1962年题山东省淄博蒲松龄故居

蒲松龄所著《聊斋志异》是我国古代短篇小说的精品,作品多借鬼狐妖精,一是暴露了封建统治的腐朽,鞭挞了贪官污吏恶霸豪强的残酷与贪婪；二是揭露了科举制度的弊端；三是描绘了男女之间那曲折动人的爱情故事。这副16字对联切实、适当、公道地评估了《聊斋志异》在文学上的巨大成绩,赞扬了蒲松龄敢于针砭时弊的风骨。

【拓展链接】

题镇纸铜尺

有志者,事竟成,破釜沉舟,百二秦关终属楚；

苦心人，天不负，卧薪尝胆，三千越甲可吞吴。

蒲松龄故居（淄博）
功名不似文名远；
宦海何如情海深。

——王成纲

鬼狐有性格；
笑骂成文章。

——老舍

岂有真鬼狐？前贤形此箴世；
安得装妖冶？后代剥它画皮。

——吴作人

鬼怪精灵，书中人物；
嬉笑怒骂，笔底文章。

——冯友兰

写鬼讲妖，朱笔活泼来野意；
讽贪刺谑，文辞幽默亦天真。

——黄太茂

Q部

——屈　原——

【语文名片】

　　屈原(约前340年—前278年)，战国末期楚国诗人，名平，字原。屈原开创了诗歌从集体歌唱转变为个人独立创作的新纪元，是我国积极浪漫主义诗歌传统的奠基人。初辅佐怀王，主张革新政治，修明法度，联齐抗秦。后遭谗去职，流浪于沅、湘之间。郢都被秦兵攻破时，自沉汨罗江而死，以明其忠贞爱国的情怀。屈原的作品有《离骚》《天问》《九歌》《九章》《招魂》等。

　　他所开创的新诗体——楚辞，突破了《诗经》的表现形式，极大地丰富了诗歌的表现力，为古代诗歌创作开辟了一片新天地。后人也因此将《楚辞》与《诗经》并称为"风、骚"。"风骚"，是诗歌史上现实主义和浪漫主义两大优良传统的源头，同时，以屈原为代表的楚辞还影响到汉赋的形成。

《国殇》《离骚》《渔父》等入选语文教材。

【名联赏析】

汨罗市屈子祠联

集芙蓉以为裳,又树蕙之百亩;
帅云霓而来御,将往观乎四方。

——郭沫若集离骚

湖南汨罗市境内的屈子祠,是华夏屈指可数的古祠之一,祠内有很多联作。郭沫若所拟的这副对联,由其夫人于立群所书,立于屈原金色塑像两旁。郭沫若从诗人的代表作《离骚》中,精心撷取词句,集缀成这副佳作。

整个联语的意思是说:我采集纯洁、清丽的芙蓉花编织成衣裳,又栽种下芳香、高雅的秋蕙百亩,招来五颜六色的云霓前来迎接,然而,世俗容不得他,楚王放逐了他,使他远离尘世,遨游天地之间……

长沙岳麓山三闾大夫祠联

何处招魂,香草还生三户地;
当年呵壁,湘流应识九歌心。

——秦瀛题

此联是清乾隆举人，曾任刑部右侍郎的秦瀛所撰。三户地出自《史记》，指楚地，《招魂》《九歌》都是屈原的作品，香草是屈原在《楚辞》中经常用来比喻贤臣的事物，"呵壁"出自王逸的《天问序》："屈原放逐，忧心愁悴……因书其壁，呵而问之，以泄愤懑。"是指屈原在流放途中忧心忧虑，呵壁问天。这副对联巧妙地将屈原的作品《招魂》《九歌》《呵壁》(即《天问》)，以及他用以自比的香草和至死不渝热爱的三户(楚)地连缀成联，以颂扬屈原的爱国之心和凭吊屈原的不幸遭遇。这副对联用了很多典故双关，是屈原悼联中的上品。

长沙屈贾祠联

亲不负楚，疏不负梁，爱国忠君真气节；
骚可为经，策可为史，补天浴日大文章。

——左辅

这是长沙屈贾二公联祠里的对联，是乾隆进士、江苏武进人左辅所题。西汉的政治家、文学家贾谊，常以屈原自比。《离骚》和《治安策》，分别是他们的代表作，两人的遭遇相似，思想、品德、文章共通，后人在长沙建了合祠——屈贾祠。这副对联颂扬了二人的爱国之心、盖世之才。"亲不负楚"指屈原与楚王同姓，故曰"亲"，楚国被秦国灭亡后，屈原含愤投汨罗江而死；"疏不负梁"指贾谊与梁怀王异姓，故曰"疏"，梁怀王爱好骑马，不幸坠马而死，贾谊作为梁怀王的太傅，也因伤感而逝，死时仅三十三岁。二人之死，都是出于爱国忠君之心。下联"策"指贾谊《治安策》。说屈原的《离骚》和贾谊的代表作《治安策》，可作治世之经史而千古流传。此联末一句一说"经天纬地大文章"。此联把两人的身世、气节、文章加以类比、颂扬，切合合祠的特点，确属佳联。

【拓展链接】

三闾大夫祠（苏州）
湘水吊忠魂，岂惟经著离骚，词藻千秋推鼻祖；
隶川分庙貌，合与赋成鹏鸟，笔花五色荐心香。

——张荣培

三闾大夫祠（望江）
此地江流通楚水；
有人闲坐话离骚。

屈原墓（秭归）
千古忠贞千古柳；
一生清醒一生忧。

清烈公祠（秭归）
大节仰忠贞，气吐虹霓，天问九章歌浩荡；
修明能治乱，志存社稷，泽遗万世颂离骚。

——赵朴初

【注】宋神宗尊封屈原为"清烈公"，修缮屈原祠并将其更名为"清烈公祠"。

高义薄云天,以廉洁正直为怀,永垂遗则;
英辞润金石,自扬马班枚而后,竟蹑前踪。

——黄焯

三闾大夫祠（长沙岳麓书院）
痛饮读离骚,放开古今才子胆;
狂歌吊湘水,照见江潭渔父心。

——吴熙

屈贾二公祠（长沙太傅里）
长沙不久留才子;
宣室求贤访逐臣。

——杨翰集句

谓我公不善处才,殊非笃论;
况今日正宜痛哭,安见斯人。

——黄海华

风雨诵离骚,香火升龛荐芳草;
水军喧竞渡,楼船载酒酹先生。

——吴熙

湖南长沙屈贾祠：
千古名胜又重新,是谁润色江山？应追思屈子文章,贾生才调;
四面烽烟都扫尽,到此安排樽酒,好携来洞庭秋月,衡岳春云。

屈原祠（汨罗）

哀郢矢孤忠，三百篇中，独宗变雅开新路；
怀沙沉此地，二千年后，惟有滩声似旧时。

——郭嵩焘

江上峰青，九歌遥和湘灵曲；
湖南草绿，三迭频招宋玉魂。

——李元度

旨高辞远，同风雅并体；
行廉志洁，与日月同光。

——董必武

屈平词赋悬日月；
楚王台榭空山丘。

——李白（《江上吟》）

泽畔行吟，五月孤忠沉夜月；
离骚寿世，三闾遗恨泣秋风。

湖南屈原湘妃祠

九派会君山，刚才向汉沔荡胸，沧浪濯足。直江滚滚奔腾到，星沉黾赭，潮射钱塘，乱入海口间。把眼界洗宽，无边空阔。只见那庙唤鹧鸪，乱花满地，洲邻鹦鹉，芳草连天；只见那峰回鸿雁，智鸟惊寒，湖泛鸳鸯，文禽戢翼。恰点染得翠霭苍烟，绛霞绿树。敞开着万顷水光，有几多奇奇幻幻，淡淡浓浓，铺成画景。焉知他是雾锁吴樯，焉知他是雪消蜀舵？焉知他是益州雀舫，是彭蠡渔艘？一个个头顶竹蓑笠，浮巨艇南来。叹当日靳尚何奸，张仪何诈，怀王何暗，宋玉何悲，贾生何太息。至今破八百里浊浪洪涛，同读招魂呼屈子。

三终聆帝乐，纵亲觅伶伦截管，荣猿敲钟。竞响飒飒随引去，潭作龙吟，孔闻鼍吼，静坐波心里。将耳根贯彻，别样清虚。试听这仙源渔棹，歌散桃林，楚客洞箫，悲含芦叶；试听这岳阳铁笛，曲折柳枝，俞伯瑶琴，丝弹桐柏。将又添些帆风橹雨，荻露葭霜。凑合了千秋韵事，偏如许淋淋漓漓，洋洋洒洒，惹动诗情。也任你说拳椎黄鹤，也任你说盘贮青螺；也任你说艳摘澧兰，说香分沅芷。数声声手拨铜琵琶，唱大江东去。忆此祠神尧阿父，傲朱阿兄，监明阿弟，宵烛阿女，豰首阿小姑。亘古望卅六湾白云皎日，还思鼓瑟吊湘灵。

——张之洞

【注】清末张之洞撰屈原湘妃祠长联，全联400字。屈原湘妃祠，在湖南岳阳市西，洞庭湖中君山岛上，原祀舜帝二妃娥皇、女英，后人在庙中加祀屈原，遂合称屈原湘妃祠。

——秋　瑾——

【语文名片】

秋瑾(1875年—1907年)，中国民主革命烈士，原名秋闺瑾，字璿卿，东渡后改名瑾，字（或作别号）竞雄，自称"鉴湖女侠"。祖籍浙江山阴（今绍兴），生于福建厦门。秋瑾蔑视封建礼法，提倡男女平等，常以花木兰、秦良玉自喻，性豪侠，习文练武，曾自费东渡日本留学。她积极投身革命，先后参加过 三合会、光复会、同盟会等革命组织。1907年，她与徐锡麟等组织光复军，拟于7月6日在浙江、安徽同时起义，事泄被捕。同年7月15日，秋瑾从容就义于绍兴轩亭。

秋瑾精于诗词，著有《感怀》《感时》等，其著作辑录计有《秋瑾诗词》《秋女士遗稿》《秋女烈士遗稿》《精卫石》（小说）、《秋瑾遗集》《秋瑾女侠遗集》《秋瑾史迹》《秋瑾集》等数种。

《对酒》《满江红》曾入选语文教材。

【名联赏析】

挽母

树欲宁而风不静,子欲养而亲不待,奉母百年岂足?哀哉数朝卧病,何意撒手竟长逝,只享春秋六二;

爱我国矣志未酬,育我身矣恩未报,愧儿七尺微躯!幸也他日流芳,应是慈容无再见,难寻瑶岛三千。

——秋瑾

秋瑾的母亲单氏,系浙江杭州萧山人,秋瑾是她的第二个孩子,从秋瑾牙牙学语时起,秋母就开始教她识字读书,稍大一点又教她学做女红和诗文,直到秋瑾出嫁,两人在一起生活了22年,母女情深。1906年底,正当秋瑾与陈伯平等人在上海秘密筹划响应萍浏醴起义之际,秋母在绍兴老家和畅堂病逝。噩耗传来,秋瑾非常悲痛,她匆忙从上海返回绍兴奔丧。在国事、家事的交集之中,她写下了这副哀切而又悲昂的足以传颂千古的挽母联。

上联中的"树欲"句出自《韩诗外传》:"树欲静而风不止,子欲养而亲不待也,吾请从此辞矣。"用典颇为精当。下联中的"瑶岛"是古代传说中昆仑山上的池名,是西王母所居住的地方,此句是说母亲去世后到瑶池西王母那里去了,再也难以见到。全联情真意切,感人肺腑,堪与古今怀人佳作媲美。

挽秋瑾

江户矢丹忱，感君首赞同盟会；
轩亭流碧血，愧我今招侠女魂。

——孙中山

对于为推翻清朝专制统治、创立民国而英勇献身的女中豪杰秋瑾，孙中山曾给予很高的评价。1912年12月9日孙中山致祭秋瑾墓，撰写了这副挽联。1929年绍兴人民为纪念烈士，在卧龙山"秋瑾被拘押处"建风雨亭（原名"轩亭"），并将此联镌刻在亭柱上。

上联"江户"，指东京。日本东京原称江户。"矢丹忱"，"矢"，通誓。"丹忱"，即丹心。1904年秋瑾冲破封建家庭束缚，自筹资金留学日本。积极参加留日学生的革命活动，发动组织"共爱会""十人会"，创办《白话报》，鼓吹推翻清朝封建统治，因有此句。"感君"，指1905年8月20日同盟会在日本东京成立，9月秋瑾二次东渡日本，经冯自由介绍，成为同盟会成立后第一批加入的会员。

下联"轩亭"，即绍兴轩亭口，在浙江省绍兴市内，为秋瑾就义处。"愧我"，即我惭愧。作者痛心于秋瑾壮志未酬竟被杀害于古轩亭口。一个"愧"字，既衬托出秋瑾英勇就义时悲壮而光辉的形象，又倾注了作者对失去同志的深沉的痛惜心情和"革命尚未成功"、形势依然严峻的无限悲愤。作者于缅怀烈士的同时更不忘继续革命的重任。

此联对仗工稳，如"江户"对"轩亭"同属地名；"感君"对"愧我"，"感""愧"同属心理活动，"君""我"都是人称代词（有的本子把"江户"误作"江石""江左"，把"感"误作"多"等）。此联内容通俗，只要懂得历史，一看即能领会联语全部内容。

秋瑾墓

巾帼拜英雄，求仁得仁又何怨；
亭台悲风雨，虽死不死终自由。

——陶浚宣

秋瑾墓在浙江杭州西湖孤山西坡，西泠桥畔。辛亥革命后移葬于此。附近还有风雨亭和秋祠，供游人凭吊。墓前有孙中山的题书"巾帼英雄"和"鉴湖女侠千古"。座石背部有"鉴湖女侠秋君墓"石刻。石刻由当时南社著名女诗人徐自华撰文，书法大家吴芝瑛书写。巾帼：妇女的头巾和发饰，后为妇女的代称。"求仁得仁"句语出《论语·述而》："求仁得仁，又何怨？"后泛指适如其愿。晋阮籍《咏怀》诗之六："求仁自得仁，岂复叹咨嗟。"亭台：指绍兴古轩亭。悲风雨：化用秋瑾烈士就义前写的"秋风秋雨愁煞人"七个字。"虽死"句：意谓为正义事业而死，虽死犹生。联语以议论之笔，评价我国近代杰出的女革命家秋瑾对资产阶级民主革命事业的贡献，高度赞扬了秋瑾虽死犹生的精神。哀挽情生，感情真挚。

悲哉秋之为气；
惨矣瑾其可怀。

——佚名挽秋瑾

这是在秋瑾英勇就义的当天夜里被人贴在古轩亭的一副嵌名挽联。

　　上联嵌一"秋"字,有四层意思:一嵌姓,乃烈士之名气;二指秋瑾至死不忘民族苦难,临刑前写下"秋风秋雨愁煞人",乃天地之正气;三是暗责清政府残酷镇压革命人民,使国内形势如秋风萧瑟,乃革命者之晦气;四切合秋瑾就义时近初秋,乃悲哀之节气。下联"瑾"字除了嵌烈士的名字外,还表示"美玉"之意,赞誉了秋瑾的坚贞不屈,永远为人民所怀念。全联以"悲哉""惨矣"冠上下联首,以"为气""可怀"作结,又巧嵌"秋瑾"于联中,是一副一唱四叹、情词并茂的嵌字联。

【拓展链接】

秋侠女祠(杭州西湖)
六月六日;
秋雨秋风。

风雨属愁人,一簇林亭秋影瘦;
湖山话初瘥,六年烟草墓田平。

秋瑾故居(绍兴)
观天地生物气象;
读古今经世文章。

云喷笔花腾虎豹；
风翻墨浪走蛟龙。

英雄尚毅力；
志士多苦心。

——吴芝英

秋瑾祠（杭州西湖）
哀哉秋风秋雨，东浙暗无光，女豪杰含冤七字；
好是元年元月，西湖灵不昧，后英雄追悼孤魂。
【注】七字，秋瑾就义前写下"秋风秋雨愁煞人"。

秋瑾墓（杭州西湖）
一身不自保；
千载有英名。

——吴芝瑛

秋菊有佳色；
社会惜斯人。

轩亭碧血足千古
岳麓青磷恨一丘。

——虞廷

七尺遗骸，魂归故土；
一腔热血，泪滴中原。

——武问梅

语文对联大观

丹心应结平权果；
碧血常开革命花。

——冯玉祥

巾帼拜英雄，求仁得仁又何怨；
亭台悲风雨，虽死不死终自由。

——陶浚宣

共和五载竟前功，英名直抗罗兰，欧亚东西，烈女双烈；
风雨一亭还慧业，抔土重依武穆，湖山今古，秋社千秋。

浙东西冤狱成三，前岳后于，浩气英风侠女子；
湖南北高风有两，残山剩水，惊魂血泪葬斯人。

——张长题秋瑾墓

今日何年，共诸君几许头颅，来此一堂痛饮；
万方多难，与四海同胞手足，竟雄廿纪信元。

——吴芝瑛

S部

——司马迁——

【语文名片】

司马迁(公元前145年或前公元135年—?),字子长,西汉夏阳(今陕西韩城南)人。我国伟大的史学家、文学家、思想家,元封三年(公元前108年)任太史令,因对李陵之事有所辩解,受腐刑,后发奋完成所著史籍,被后世尊称为史迁、太史公。

他以其"究天人之际,通古今之变,成一家之言"的史识创作了我国第一部纪传体通史《史记》,被公认为是史书的典范。该书记载了从上古传说中的黄帝到汉武帝长达3000多年的历史,共130篇,52万字,包括"本纪""世家""列传""书""表"五个部分,被鲁迅誉为"史家之绝唱,无韵之离骚"。《史记》是我国第一部以人物为中心的历史著作,同时也是第一部以人物为中心的文学著作。

> 从历史的角度讲,《史记》开创了我国纪传体史书的先河;从文学的角度讲,《史记》第一次运用丰富多彩的艺术手法,向人们展现了丰富多彩而又各具个性的历史人物。《史记》对史学家的影响不言而喻,对文学家的影响也至深至远。
>
> 《陈涉世家》《报任安书》《廉颇蔺相如列传》《鸿门宴》《信陵君窃符救赵》《毛遂自荐》《屈原列传》等入选语文教材。

【名联赏析】

陕西韩城太史祠

刚直不阿,留得正气凌霄汉;
幽而发愤,著成信史照尘寰。

——佚名

太史祠在陕西韩城南芝川镇。此联是对司马迁一生业绩的概括。汉武帝时,名将李广的孙子李陵率兵抗击匈奴。几场恶战,李陵终因寡不敌众,兵尽粮绝而被俘,并降于匈奴。司马迁因替李陵申辩而受牵连,被打入狱中,身受"腐刑"。面对此奇耻大辱,司马迁一度想到自杀,可他想到这样死毫无价值。他追思前贤,想起了历代发愤著书的人,他们给了他力量和启发。于是,他重新拿起笔,去完成他那部"究天人之际,通古今之变,成一家之言"的《史记》的著述。这部史书,有52万字之多,前后共用去13年时间。它以丰富的内容、谨严的结构、确凿的史实、恰切的评断而著称,被称为"信史";而此书在语言艺术、人物刻画方面也显示了作者非凡的文学功力,鲁迅称之为"史家之绝唱,无韵之离骚"。天地悠悠,司马迁的伟大人格连同这部伟大的"信史",将永远为人民所铭记、仰慕、传扬。联句从其为人、为文两个方面,以同情、赞扬的笔调写出,格调沉雄、激越。

题嬴政

身前一把火,焚书坑儒,一统列国情何壮;
身后一把火,阿房成灰,二世亡秦事可哀。

上联讲秦始皇在位期间,用10年时间灭掉战国七雄中的其他六国,统一中国,并统一文字、度量衡、货币、法律,为维护统治,以残暴手段镇压"异端"思想,焚烧过去各国史书和民间藏书,坑杀儒生、方士460多人。下联讲秦始皇统治时大兴土木,建造巨大宫殿阿房宫,全部工程至秦亡尚未完成,却导致民怨沸腾,暴政终导致秦末农民起义,阿房宫后为项羽所焚,其遗址今仅存巨大的夯土台基。大秦帝国终至二世短命而亡。该联形象地概括了秦始皇的功与过,简单明了,意味深长。

韩信祠墓（霍县）

生死一知己；
存亡两妇人。

——佚名

此联简练、工整，内含典故。上联的故事是这样：秦朝末年，农民大起义，韩信初在项羽部下从军，但未受到重用，又改投刘邦麾下，仍未得到重用。韩信一气之下，愤然出走，被萧何连夜追回，好言抚慰，并向刘邦极力保举，拜为大将，屡建奇功，被封为淮阴侯。后来刘邦当了皇帝，反而猜疑韩信，韩信知道后，便与夏阳侯陈豨交通密谋（韩信谋反之事，疑点很多，很有可能是刘邦与吕后为除韩信故意诬陷），被韩信一个门客的兄弟举报。吕后知道后便与萧何商量，引诱韩信到长乐宫中，将他斩首。所以后人说他："成也萧何，败也萧何。"这便是上联"生死一知己"的注脚。

下联指的是：韩信投军之前，家贫食不果腹，差点饿死，幸得一洗衣妇人把他接到家中，食住了十多天，才保住性命。韩信谋反被捕后，被吕后所杀，存亡都在两个妇人手中，这就是"存亡两妇人"的含义。

此联只寥寥十字，就高度概括了韩信一生中重大的经历。

河南开封信陵君祠

有史公作传如生，爱客若君，真令读者慷慨悲歌不已；
其门馆风流未谢，于今视昔，问谁能拔抑塞磊落之才。

——徐振祎

作者许振祎系清代同治年间的进士,江西奉新人。信陵君,姓魏,名无忌,号信陵君,战国著名的四公子之一。他曾在自己的府第之中豢养食客三千。所养之士,不论贵贱,只要略有才干,均以礼相待。后来,他几次遇到危机,幸而有这些人相助,才能转危为安,化险为夷。司马迁《史记》当中,对他曾有记载,说他"仁而下士","士无贤不肖皆谦而礼交之"。战国四君子求贤若渴,爱才如己的行为,被传为佳话。后世学子才人,均仰慕其风,盼望自己能够遇到像他们那样的人。但在中国封建社会,知识分子遇到的大都是这样一种处境:有才干者因不善投机取巧而被搁置不用,奸佞之辈长于溜须拍马青云直上。这就造成了许多有识之士受到压制,报国无门。许振祎这副对联寓意正在这里。他借信陵君"爱客若君"的往事,含沙射影地指责当时的社会不能真正选用人才,也隐晦地向别人表示,自己就是"抑塞磊落"的人才之一。作者的这种心态,我们不能说成是狂妄。所谓"有怀投笔,无路请缨",希图以一生所学报效国家,致君尧舜但却"不得其门而入"的事实历代都有,他的情绪其实也代表了两千多年封建社会"士人"的共同心声。在这副对联中,"我"也出现了,不过并没有公开跻身联中,而是以隐蔽的姿态出现罢了——联中所说的"抑塞磊落之才",就包括了"我"在里面——这是喻志型对联的一个明显标志。

题项羽

纵横数千里,所向披靡。想当年,笑指秦王,曰:彼可代之！冲天傲气播斗牛。

　　大小七十战，每战皆胜。惜此时，羞困垓下，叹：天亡我也！动地歌声是楚音。

　　项羽，楚国贵族出身，秦二世元年跟随叔父项梁在吴起义。秦亡后，自立为西楚霸王，后败于刘邦。最后从垓下突围至乌江边自杀。上联"彼可代之"语出《史记·项羽本纪》："秦始皇帝游会稽，渡浙江，梁与籍俱观。籍曰：'彼可取而代也'。"下联"天亡我也"句语出《史记·项羽本纪》："项王军壁垓下，兵少食尽，汉军及诸侯兵围之数重。夜闻汉军四面皆楚歌，项王乃大惊曰：'汉皆已得楚乎？是何楚人之多也！'……项王自度不得脱，谓其骑曰：'吾起兵至今八岁矣，身七十余战，所当者破……然今卒困于此，此天之亡我，非战之罪也。'"联句写尽项羽一生，令人感慨不已。

【拓展链接】

雄才百代犹堪仰；
鸿业千秋总不磨。

——田汉

史笔妙空群，上起轩辕，下迄天汉；
墓门清似昔，远窥秦岭，近绕黄河。

——杨一鹤

史笔允堪寿世，历汉唐五代宋元明，问诸著作家，谁当并驾；

我生自愧不才，读诗书三易左公谷，得大文章手，同此服膺。
——王树达

项羽庙（无锡）
到此疑仙，蓬莱、瀛洲、方丈；
不知有汉，美人、名马、英雄。

拔地山雄，旧迹犹留霸王庙；
平湖浪静，名区近接美人崖。

但以诗书教子弟；
莫以成败论英雄。

占尽风光，绮丽梅园花万树；
包容吴越，嶙峋鼋渚浪千层。
——马国征

项羽庙（徐州）
天意欲兴刘，到此英雄难用武；
人心须慕项，至今父母尚称王。

项王祠（徐州彭城）
天地低昂龙虎气；
雌雄争战帝王才。

霸王祠（和县乌江镇东凤凰山）
拔山扛鼎，神勇天生，百战霸途开，伟业何曾输赤帝；

骏马美人，英雄气短，千秋遗恨在，怒涛犹自涌吴江。
———王兰亭

鹿野舟沉王业兆；
鸿门斗醉霸图空。

辜负重瞳，老范老韩皆不识；
空生两臂，学书学剑两无功。

漫云天竟兴刘，四百载山河，而今安在；
到处人多说项，数千年香火，振古如斯。

司马迁乃汉臣，本纪一篇，不信史官无曲笔；
杜师雄真豪士，临祠大哭，至今草木念余悲。
———范琴波

虞姬墓（灵璧）
虞兮奈何，自古红颜多薄命；
姬耶安在，独留青冢向黄昏。

信陵君祠（开封）
大河南北望；
万里风云通。
———许振袆

名冠诸侯，自古贤未有及公子者；
仁而下士，乃闲步往从此两人游。

有史公作传如生，爱客若君，真令读者慷慨悲歌不已；
其门馆风流未谢，于今视昔，问谁能拔抑塞磊落之才。

韩信庙（介休）
西望关中，百战十年空鸟兔；
北临锦上，千秋一例感龙蛇。

——杨传第

汉韩侯祠（淮安镇淮楼东）
奠数千里长淮，神留桑梓；
开四百年帝业，功冠萧曹。

留侯祠（徐州）
五世报韩终有恨；
一时兴汉本无心。

张良墓（兰考）
壮士奋挥椎，报韩已破秦皇胆；
大王须借箸，兴汉终函项羽头。

——陈文黻

留侯祠（广州白云山）
为帝者师，佐汉功原高将相；
弃人间事，报韩心已了英雄。

——朱约斋

犹作帝王师，君臣相与济时会；

虽非甲胄士,指挥若定失萧曹。

——郑元浚

生叔季世,有豪侠心,报韩椎秦,兴刘灭项;
绝富贵交,为神仙侣,进履辟谷,拜石受书。

——郑元浚

从龙逐鹿两茫然,我思妙用无方,何害英雄同妇女;
黄石赤松皆戏耳,独怪全躯有术,不遭烹醢即神仙。

——刘子迎

【注】陕西留坝留侯祠亦有此联。

范增墓(巢湖亚父山)

竖子无知,逞霸图不用智谋,焉操胜券;
良臣绝望,献奇计翻遭离间,枉效孤忠。

——陶光

荆轲墓(咸阳)

身入狼邦,壮志匹夫生死外;
心存燕国,萧寒易水古今流。

——佚名

题刘邦

三尺青锋斩白蛇,天教炎汉诛暴秦;
一介无赖登帝基,谁伴亭长唱《大风》?

题项羽

纵横数千里,所向披靡。想当年,笑指秦王,曰:彼可代之!

冲天傲气播斗牛。
大小七十战，每战皆胜。惜此时，羞困垓下，叹：天亡我也！
动地歌声是楚音。

题张良
五世相门子，一场功名堪酬圯上履；
千斤力士椎，几多风云骤起博浪沙。

题嬴政
身前一把火，焚书坑儒，一统列国情何壮；
身后一把火，阿房成灰，二世亡秦事可哀。

题蔺相如
谋臣事主，岂与同列争庙堂？
睨柱迫秦，笑从渑池归完璧。

题管仲
九合诸侯，一匡天下，当其时，谁开霸业雄图？
百年形势，千秋功绩，微斯人，"吾其被发左衽"。

题荆轲
猛士去国，为报知己恩，易水风寒波恸容；
侠客赴机，欲抗虎狼秦，关山月冷筑衔悲。

题陈胜
鱼腹藏帛矫天旨，匹夫揭竿竟亡秦；
狐声惑众驱义师，群雄逐鹿功归汉。

题孙膑、庞涓
待看心胸：师门手足竟相残，虽为大将犹不齿；
请试身手：沙场刀剑几交迭，略施小计竟还牙。

题伍子胥
报父兄之仇，去父母之邦，纵能鞭尸亦何益？
知古人之心，论古今之事，如此开卷必有得。

题范蠡
谋国经商其道一也，陶朱公本乃范蠡；
功成身退斯名垂矣，宫廷外便是江湖。

题苏秦
三寸舌敌百万师，束甲息兵因合纵；
一番策换六国印，前倨后恭为多金。

题张仪
辩士舌尚在，当以此换千金裘，哪管它暮楚朝秦；
客卿计安出？只要能得三分利，尽可去翻云覆雨。

题贾谊

虽具王佐才，犹畏讥谗赋鹏鸟；
纵有补天术，空怀抑郁泣长沙。

题韩信

常忆漂母餐，一饭之恩思反哺；修栈道、度陈仓，声东击西，为报丞相三荐情；
能忍胯下辱，万里雄飞看振翮；灭秦兵、殛楚酋，兔死狗烹，枉殒大将七尺躯。

题司马迁

著史如著诗，千秋浩气铭青简。笔下锋芒，能夺鬼神志；
读文胜读人，万丈幽情上碧霄。心中云霞，常慰猛士魂。

——苏　轼——

【语文名片】

苏轼（1037年—1101年），字子瞻，一字和仲，号东坡居士，眉州眉山人，唐宋八大家之一，宋代文学最高成就的代表。与父洵弟辙合称"三苏"。其诗、词、赋、散文，均成就极高，且善书法和绘画，是中国文学艺术史上罕见的全才，被公认为文学艺术造诣最杰出的大家之一。其散文与欧阳修并称欧苏，与韩愈并称"韩潮苏海"；其诗题材广阔，清新雄健，善用夸张比喻，独具风格，与黄庭坚并称"苏黄"，又与陆游并称苏陆；词开豪放一派，与辛弃疾同是豪放派代表，并称"苏辛"；书法名列"苏、黄、米、蔡""宋四家"之一；其画则开创了湖州画派。有《东坡七集》《东坡易传》《东坡乐府》等。

《记承天寺夜游》《题西林壁》《江城子·十年生死两茫茫》《赤壁赋》《饮湖上初晴后雨》《念奴娇·赤壁怀古》《浣溪沙》《水调歌头·明月几时有》《石钟山记》《定风波·莫听穿林打叶声》等入选语文教材。

【名联赏析】

湖北黄冈赤壁联

月色如故；
江流有声。

——佚名

东坡赤壁，位于湖北黄冈（古称黄州城）西南外，因崖石赭赤，屹立如壁而名赤壁。北宋元丰三年（1080年），苏轼被贬到黄州，写下了《赤壁赋》《后赤壁赋》《念奴娇·赤壁怀古》等千古名篇。虽然三国时期赤壁之战发生在另一个地方（即湖北蒲圻附近的赤壁），苏轼却把黄冈赤壁当成古战场来看待，所以黄冈赤壁也叫东坡赤壁。苏轼在《赤壁赋》《后赤壁赋》中对月色、江流有出色描写，这副对联借用了这两个具有典故意义的物象来写赤壁。苏轼在《赤壁赋》抒发情怀："惟江上之清风，与山间之明月。耳得之而为声，目遇之而成色。取之无禁，用之不竭。是造物者之无尽藏也，而吾与子之所共食。"本联作者又见明月，于是感叹"月色如故"。其实月色永远如故，无心人熟视无睹，有心人感慨而发。下联的"江流有声"句，也是引苏轼赤壁赋句："江流有声，断岸千尺。"江流虽然有声，但江流主要是引起视觉效果，看着大江东去的壮观景色时，江流之声便相对微弱。所以，江流有声，也要有心人才体会得来。这联短短八字，不但含义深远，艺术空间也阔大。单从物理的角度讲,"月色"弥漫天地之间,"如故"两字连贯古今;"江流有声",如咆如哮,如泣如诉。于是,这八个字便构成了以月色、江流为物象实体,进而融时空、声色、动静于一体的艺术空间。

铜琶铁板,大江东去;
月明星稀,乌鹊南飞。

——胡君复

胡君复,江苏武进人。1923年出版了《古今联语汇选》17册和《集联汇选》3卷,是近代规模最大的联语集成本,对保存楹联和书法资料具有重要意义。上联语出俞文的《吹剑录》:"学士词,须关西大汉,铜琵琶,铁绰板,唱'大江东去'。"下联取自曹操《短歌行》诗句。读之令人浮想联翩,发思古之幽情。

湖北黄冈东坡赤壁坡仙亭

北宋西蜀,苏东坡中年南贬时笔迹;
白纸黑墨,拓黄州赤壁青石上梅花。

——彭祖润

这副对联刻在位于赤壁矶头的坡仙亭上。它不写窗含大江的寥廓景象,也不写古往今来的历史变迁,只是以亭内的苏轼的书法、绘画石刻为题,来颂扬苏轼。

上联指苏轼的《念奴娇·赤壁怀古》等四首诗词墨迹石刻。苏轼,北宋四川眉山(称西蜀),43岁(中年),因乌台诗案被从河南贬到黄州(南贬)。下联指苏轼的《东坡老梅图》,是按他手植于雪堂前的一株梅花所绘,为珍品。

对联作者似导游一样娓娓介绍亭内石刻,而内蕴对苏轼被贬的同情和对他崇高的赞颂。苏轼"平生好书兼好画",选取书法(包括诗词)和绘画概括其艺术成就,恰到好处。上联自然嵌进"北西东中南"五个方位词,下联则嵌进"白黑黄赤青"五个颜色词与之对仗,实属难得,真让人感到妙趣天成了。

一门父子三词客;
千古文章四大家。

——张鹏翮题四川眉山三苏祠

张鹏翮(1649年—1725年),字运青,号宽宇,清代名臣、治河专家、清代第一清官,是清代四川官位最显赫、名声最响亮的人物。张鹏翮工诗善文。著有《张文端公全集》。

为二人合祠题联,常常是上下两联各颂一人,而为三苏祠题联就难了,何况仅用14字的短联来称其为人和贡献,就更加不易。作者经过深思,抓住三苏在文学上共同的贡献和影响,构思了这副脍炙人口的名联。

上联三词客是:苏洵、苏轼、苏辙,苏轼与其父苏洵、弟苏辙,世人合称"三苏"。宋王辟之《渑水燕谈录》云:"苏氏文章擅天下,目其文曰三苏。"洵为老苏,轼为大苏,辙为小苏。这实际上是最简明的三苏定位,是不刊之论。下联四大家是:韩愈、柳宗元、欧阳修、苏轼。联句精当地评价了苏氏在文学史上的地位。千古四家,苏轼为一,足见其光芒。

挽侍女

不合时宜,唯有朝云能识我;

独弹古调,每逢暮雨倍识卿。

苏轼怀才不遇,终生不得权贵赏识,但其两侍女却对他的道德文章、抱负壮志深为敬佩,视他为知音。侍女一名"朝云",一名"暮雨"。朝云早逝,苏轼撰写此联悼念之。此联把两侍女的名字巧嵌其中,又运用两人名字的特点,语意双关,借题发挥,叹少知音,不遇明主,以致落得"独弹古调""不合时宜"之处境。真乃生花妙笔!

杭州苏公祠

泥上偶然留指爪;
故乡无此好湖山。

——华秋槎集苏轼诗

苏轼曾经两次被贬杭州,在这前后五年之中,苏轼不仅得以寄情山水驱忧愁,触发灵感生诗兴,而且为民排忧解难,颇有惠政。苏轼把杭州看作自己的第二故乡。这副对联模拟了苏轼本人的口气。上联说,自己在杭州所做的一切,只不过像鸿雁在大地上留下了一点点爪印。下联说,就是在自己的家乡,也没有这般美好的湖光山色。联句表达了苏轼对杭州的依依眷恋,是诗人发自内心的一首"杭州咏叹调"。尤具匠心的是,联句用的全是苏轼本人的诗句。上联出自其《和子由渑池怀旧》:"泥上偶然留指爪,鸿飞那计复东西?"下联出自《六月二十七日望湖楼醉书五首·其五》:"我本无家更安住,故乡无此好湖山。"写的是苏公祠,用的是苏轼口吻,集的又是苏轼本人的诗句,三者有机地融为一体。读之,令人感到既十分切题又备觉亲切。

【拓展链接】

苏轼撰联集

三光日月星；
四诗风雅颂。

——巧对辽使

三登庆元三人第；
四入熙宁四辅中。

——挽韩琦

山抹微云秦学士；
露花倒影柳屯田。

——戏评秦观、柳永

天上楼台山上寺；
云边钟鼓月边僧。

——题江西吉水龙济寺

云涌楼台出天上；
风摆钟磬落人间。

——题镇江甘露寺

石路萦回九龙脊；
水光翻动五湖天。

——题无锡惠山摩崖

诗笔离骚亦时用；

文章尔雅称吾宗。

———题湖南汨罗屈子祠

海市蜃楼皆幻影；
忠臣孝子即神仙。

———题山东烟台蓬莱阁

贪看白鸟横秋浦；
不觉青林没暮潮。

———题儋耳望海亭

台榭如富贵，时至则有；
草木似名节，久而后成。

———集卢秉传语题黄州雪堂居处

轻风扶细柳；
淡月失梅花。

———补父缺字联

狗啃河上骨；
水流东坡诗。

———传为苏轼对佛印，谐音联

无山得似巫山好；
何水能如河水清。

———传为苏轼对佛印

三贤祠（镇江甘露寺）
溯后先三百载游踪，异代同堂，能结有情香火；
冠古今第一流人物，文章事业，也如无尽江山。

———李兰坡

【注】祀唐李德裕，宋苏轼、米芾。

苏轼祠（海口五公祠内）

此地能开眼界；
何人可配眉山。

危身何事南迁，只一句美睡诗成，妙语竟遭时宰忌；
远谪几曾北返，讵四载居儋录就，除书欲遣逐臣回。
——谢尚莹

公来四载居儋，辟开海外文明，从此秋鸿留有爪；
我拜千年遗像，仿佛翰林富贵，何曾春梦了无痕。

北宋负孤忠，春梦一场，忘记翰林真富贵；
南荒留雅化，清风百世，辟开瘴海大文章。
——苏骏烈

东坡书院（儋州）

宾主联欢，追思笠屐风流，雪爪尚存鸿北去；
冠裳承祀，若问送迎诗句，笛腔犹按鹤南飞。

东坡亭（藤县）

万里赴琼儋，夜起江心弄明月；
一亭抚笠屐，我从画里拜先生。

三苏坟（郏县小峨眉）

一门父子三抔土；
两世文章百代春。
——林从龙

【注】北宋苏洵、苏轼、苏辙衣冠冢。

是处青山可埋骨；
他年夜雨独伤神。

——林从龙集苏轼诗

东坡赤壁苏轼祠（黄冈）
客到黄州，或从夏口西来，武昌东去；
天生赤壁，不过周郎一炬，苏子两游。

——郭朝祚

胜游临赤壁；
书法数东坡。

——黄亮

才子重文章，凭他二赋八诗，都争传苏东坡两游赤壁；
英雄造时势，待我三年五载，必艳说湖南客小住黄州。

——黄兴

古今往事千帆去；
风月秋怀一笛知。

——徐世昌

往者不可追，问何人青巾紫裘，腰笛而至；
休焉听所止，有孤鹤玄裳缟服，掠舟以西。

——王树荣

尘梦醒来，当前明月清风，那是东坡，那是赤壁；
壮游倦后，随处芒鞋竹杖，何必与客，何必泛舟。

金樽清酒尽流连，共览此孤鹤沧江，横空白露；
玉局文章本游戏，何妨把嘉鱼赤壁，移置黄州。

执铁绰板,弹铜琵琶,高唱大江东去;
驾一叶舟,破万顷浪,谁吟乌鹊南飞。

——马寅

名齐白傅,才比青莲,两篇赋作江山主。
官谪黄州,迹留赤壁,千古人碑水月仙。

——黄秉衡

参透变不变之精髓,处处是黄州赤壁;
觉得梦非梦之境界,人人尽西蜀东坡。

——黄秉衡

雪堂写东坡,大好河山,天许此堂占却;
春樽开北海,无边风月,我如孤鹤飞来。

——何绍基

五年间谪宦栖迟,试较量惠州麦饭、儋耳蛮花,那得此清幽山水;
三苏中天才独绝,若尚论东坡八诗、赤壁两赋,还是公游戏文章。

——张之洞

胜迹别嘉鱼,何须订异箴讹,但借江山摅感慨;
豪情传梦鹤,偶尔吟风啸月,毋将赋咏概平生。

——朱兰坡

小月西沉,看一棹空明,摇破寥天孤鹤影;
大江东去,听半滩呜咽,吹残后夜洞箫声。

——阮元

清风徐来,水波不兴,少焉月出于东山之上;

霜露既降,木叶尽脱,遥有鹤鸣掠予舟而西。

——樊增祥

无客无肴无酒无鱼无赤壁;
有江有山有风有月有东坡。

——喻森

文章流传八百年,我自黄州来时,犹听歌声连汉水;
家乡阻隔五千里,公从赤壁游后,可余清梦到眉山。

——苏继祖

胜迹访黄州,曾携鱼酒再勾留,奈烟水苍茫,何处觅泛舟苏子;
雄文争赤壁,谁把江山重点缀,想风流豪宕,前身本顾曲周郎。

——丁守存

苏轼祠(江苏)

算一生谪宦居多,且漫夸桄榔杖、椰子酒、玉糁羹,身世慨浮沉,尚有花猪留供养;
论三苏文才独绝,试遍诵大江词、赤壁赋、海外集,胸襟征旷达,应同华鹤识归来。

——张荣培

苏轼祠(杭州西湖)

千古华堂奉君子;
此间风物属诗人。

——集苏轼诗

五年间谪宦栖迟,较量惠州麦饭,儋耳蛮花,那得此清幽山水；

三苏中天才独绝，若论东坡八诗，赤壁两赋，还是公游戏文章。

苏轼祠（蓬莱）

不向南华乞烟水；
又来东海看涛山。

——徐东绪集苏诗

游客到来须饮酒；
先生在上莫吟诗。

天外有蜃楼，当年一枕黄粱，富贵功名真梦幻；
云中停鹤驾，此际三山碧海，衣冠剑佩记仙踪。

海市蜃楼皆幻影；
忠臣孝子即神仙。

——龚葆琛

苏轼祠（新化）

溯汉朝节烈，宋代文章，功德至今垂不朽；
观熊岭晴岚，资江流派，经营于此展宏图。

苏轼祠（惠州）

北客几人谪南粤；
东坡到处有西湖。

——陈志哲

白鹤归何时，且向祠堂倚修竹；

先生喜而笑,故应主客是诗人。

忠爱著朝端,即昼雨蛮烟,魂梦仍依北阙;
文章行海外,想赋诗饮酒,勾留又在西湖。

——嵇承志

我久住西湖,晴好雨奇,曾向春堤吟柳色;
公连渡东海,珠崖儋耳,何如此地近梅花。

——徐琪

小谪住神仙,感身世茫茫,谁代写当年笠屐;
大江流日夜,叹英雄滚滚,可留得几处亭台。

明月皓无边,安排铁板铜琶,我亦唱大江东去;
春风睡正美,迢递珠崖儋耳,谁更怜孤鹤南飞。

——江鸣鹤

东坡亭(新会鹤山)
响彻铜琶,千古大江东去;
吹残铁笛,一声孤鹤南飞。

涛声四面作风雨;
笠影半肩挑夕阳。

题苏东坡
豪气、逸气自能养奇句,且看东坡大江词!骚人留名岂千载?
壮思、悲思都付掩卷时,谁吟吴中《赤壁赋》?静心怡寿能百年。

——施耐庵——

【语文名片】

施耐庵,元末明初小说家。博古通今,才气横溢,举凡群经诸子、词章诗歌、天文、地理等,无不精通。于元延祐元年(1314年)中秀才,泰定元年(1324年)中举人,至顺二年(1331年)登进士。与门下弟子罗贯中一起研究《三国演义》《三遂平妖传》的创作,搜集整理关于梁山泊宋江等英雄人物的故事,最终写成《水浒传》。明嘉靖十九年(1540年)高儒《百川书志》载:"《忠义水浒传》100卷。钱塘施耐庵的本。罗贯中编次。"嘉靖四十五年(1566年)郎瑛在《七修类稿》中说:"此书为'钱塘施耐庵的本'。"万历年间,胡应麟在《少室山房笔丛》中指出:"武林施某所编水浒传,特为盛行。"今人一致认为施耐庵是《水浒传》作者。作者文笔精工,状物肖妙,塑造了108位草莽英雄的生动形象,其艺术性为世界文学史所重视。几百年来,这部传奇式的小说,不但风行海内,而且流传世界。

《鲁提辖拳打镇关西》《林教头风雪山神庙》《智取生辰纲》等入选语文教材。

【名联赏析】

施耐庵墓（兴化）

有舍己为人义骨侠肠，却从鲁达、武松、李逵身上画出；
具掀天揭地深谋远虑，乃自晁盖、宋江、吴用胸中写来。

——李宗海

李宗海（1904 年—1995 年），江苏兴化人。自幼喜爱古典文学书法，曾从兴化高甘来学习书法诗词，所作楷书秀润敦厚，工整豪放，超逸浑穆，行书娴雅超脱，风韵自然。工诗词，善对联，对仗工稳，妙造自然。常以联咏贤，以联纪胜，以联会友，撰题嵌名联赠人，妙在切人切事，称扬得体。国内风景名胜区、古今名人纪念馆多有所忆诗联作品征入收藏或碑刻，并被收入《中国当代楹联选》《中国当代诗词选》等。1999 年，他应邀为兴化施耐庵纪念馆撰写此联。此联以水浒六个代表人物形象，赞美了施耐庵，可谓别具匠心。

题梁山好汉

水泊梁山上好汉，杀富济贫，替天行道，个个如生龙活虎，全凭施公一支笔；

一百单八位英雄，义结金兰，情同手足，人人应天罡地煞，不废民间万口碑。

梁山，在今山东省境内东平湖西，附近地区为古梁山泊。宋代以宋江为首的农民起义军聚集于此，称梁山好汉。其故事在民间广泛流传。后施耐庵据此写出长篇小说《水浒传》。"杀富济贫，替天行道"是梁山好汉的处世准则。金兰：金坚兰芳，旧以忠贞不贰的朋友称"金兰之交"或"金兰之契"。施公一支生花妙笔，写活了多少好汉，梁山好汉英名长存。

【拓展链接】

施耐庵故居（大丰）
圣徒世系三千载；
才子家声六百年。

韬光养晦，一代英才居胜境；
激浊扬清，千秋峻笔著奇书。
——童斌

百回《水浒》，秉春秋褒贬忠奸，千古人间消块垒；
一曲《秋江》，承风骚思忧治乱，五洲文苑仰宗师。
——童斌

题宋江

又矮又黑,其貌不扬,号称"及时雨",真乃"海水不可斗量";
非文非武,却为魁首,占据梁山泊,原来造反为了招安。

题林冲

单刀入"白虎",忠臣反被奸臣陷;
雪夜上梁山,生路竟从死路开。

题李逵

自称"黑爷爷",双斧专砍不平事;
只服宋哥哥,一生唯重聚义情。

题武松

名撼景阳冈,空手打虎奇男子;
血溅鸳鸯楼,赤胆杀仇伟丈夫。

题阮氏三雄

水泊打鱼人,风波踏遍起豪情;
梁山剪径盗,官军闻之丧肝胆。

题鲁智深

拳打镇关西,只此闯上江湖路;
倒拔垂杨柳,从今结下金兰友。

——史可法——

【语文名片】

史可法(1602年—1645年),字宪之,号道邻,河南祥符(今开封)人,其师为左光斗。1644年,明亡后,他在南京拥立福王,加封东阁大学士,称史阁部。因马士英等的排挤,以督师为名,使守扬州。清朝多尔衮致书诱降,被拒绝,他坚守孤城。1645年,清军南下,他领导军民坚决抵抗,城破,自杀未遂,被清兵抓住,忠贞不屈,于清顺治二年(1645年)三月十九日被杀害。扬州人民在城外梅花岭筑衣冠冢,以志纪念。南明朝廷谥之为"忠靖"。清高宗(乾隆)追谥为"忠正"。其后人收其著作,编为《史忠正公集》。

记述史可法事迹的文章《左忠毅公逸事》(方苞)《梅花岭记》(全祖望)入选语文教材。

【名联赏析】

斗酒纵观廿一史；
炉香静对十三经。

——史可法

史可法不仅能征善战，诗词书法也独领风骚，酒量还大得惊人，"数斗不乱"，也算喝遍军中无敌手的好汉。扬州祠堂里有史公遗墨。史可法是官员，他的书法却是真正的书法，草书行书都有，气遏行云，韵击流水，特别是书写的内容，古韵猎猎，心事茫茫，一点浩然气，千里快哉风。"斗酒纵观廿一史，炉香静对十三经""自学古贤修静气，唯应野鹤共高情""千里遇师从席忱，一生报国托文章"等，气势胸襟，儒雅情怀，令人叹为观止。

殉社稷只江北孤城，剩水残山，尚留得风中劲草；
葬衣冠有淮南抔土，冰心铁骨，好伴取岭上梅花。

——佚名

这是悬挂于史公祠的一副佚名长联。前人评价此联说："简练而恰宜，可作一首怀古诗读。"

"殉社稷"，即以身殉国。这三字悲壮有力，一位赤胆忠心的英雄形象矗立于江北孤城之间，屹立于大明土地之上的剩水之滨，残山之巅。社稷，古代帝王、诸侯所祭的土神和谷神，旧时亦用为国家的代称。

"风中劲草"，比喻节操坚定，经得起考验。《东观汉记·王霸传》:"上谓霸曰:'颍川从我者皆逝,而子独留,始验疾风知劲草。'""疾风知劲草,板荡识诚臣。"在大明王朝大厦将倾之时,一位铮铮硬汉,身有铁骨,胸怀冰心,于江北孤城风雨飘摇之时仍在顽强地抗争着。

"葬衣冠",《汉书·郊祀志上》:"黄帝以仙上天,群臣葬其衣冠。"后称只埋葬死者衣冠的坟墓为衣冠冢。史可法被害后,后人未寻到其尸体,乃于梅花岭筑衣冠冢。

"岭上梅花",扬州梅花岭为明万历扬州知府吴秀浚河积土成丘,丘上植梅,故名。全祖望《梅花岭记》云:"忠烈遗言:'我死,当葬梅花岭上。'至是,德威求公之骨不可得,乃以衣冠葬之。"

这副对联上下联首的"殉""葬"二字,含悲埋恨,演奏出一种苍凉的曲调;而上下联末的"草"与"花",则谱写着昂扬的音符,那不是弱草娇花的低吟,那是斗风劲草、傲雪梅花的高歌。——"风中劲草",是英雄形象的写照;"岭上梅花",是后人深沉的追悼,这株株梅花,更永远延续着史可法性格中的不屈不挠!

心痛鼎湖龙,一寸江山双血泪;
魂归华表鹤,二分明月万梅花。

——蒋士铨

本联作者瞻仰史可法墓,立即想到他是在崇祯皇帝自缢之后又一壮烈殉国的忠臣。"鼎湖龙",传黄帝铸鼎于荆山下,鼎成飞升,此借指明崇祯之死。"华表鹤",传丁令威学道成仙,化鹤归来，落在城门华表柱上，此指史可法之死。作者以为君臣二人痛含仇恨接踵归天，大明江山易主，不堪回首，于是吐露心声；"心痛鼎湖龙"，每"一寸江山"，都洒满了君臣的双双"血泪"啊！而下联则奋力长呼，重在慰忠魂：忠"魂"啊，骑着仙"鹤"望着"华表"归来，再来观赏扬州的"二分明月"和岭上的万千"梅花"吧！很多史可法墓联中的"二分明月"都是指扬州城，"梅花"则用来表现史墓之地梅花岭，用这些切地之景，是史可法祠墓联的特点；而且明月之皎洁，梅花之高洁，也能体现史可法的精神世界。

【拓展链接】

自题联集

忠孝立身真富贵；
文章行世大神仙。

古砚不容留宿墨；
旧瓶随意插新花。

洞雪压松多偃仰；
岩泉滴石久玲珑。

琴书游戏六千里；

S部

诗酒清狂四十年

史可法祠墓（扬州）
明月梅花，拜祁连高冢；
疾风劲草，识板荡忠臣。

——俞樾

死含瑶草千秋恨；
魂傍梅花万古香。

【注】瑶草：明末误国权臣马士英字瑶草。

生有自来文信国；
死而后已武乡侯。

——严朝标

【注】文信国，文天祥，传史母梦文而生史。武乡侯，诸葛亮。

骑鹤楼头，难忘十日；
梅花岭畔，共仰千秋。

——郭沫若

时局类残棋，杨柳城边悬落日；
衣冠复古处，梅花冷艳伴孤忠。

——朱武章

数点梅花亡国泪；
二分明月老臣心。

——严朝标

风雪江天，吊古剩一轮明月；

衣冠丘垅，招魂有万古梅花。

——欧阳述

万点梅花，尽是孤臣血泪；
一抔黄土，还留胜国衣冠。

——黄文涵

梅花下有衣冠葬；
席帽时知社稷臣。

佩鄂国至言，不爱钱，不惜死；
与文山比烈，曰取义，曰成仁。

——陈宏谋

【注】鄂国，指岳飞。文山，指文天祥。

读生前浩气之歌，废书而叹；
结再世孤忠之局，过墓兴哀。

——蒋士铨

我就是史督师！百世如闻狮子吼
更莫上梅花岭，千秋自有姓名香。

【注】"我就是"句，史可法被害前大呼此语。"更莫"句，意为史之名字便有梅花香气，不必再登岭寻梅了。

何处吊公魂，看十里平山，空余蔓草；
到来怜我晚，只二分明月，曾照梅花。

——吴清卿

家国两封书，壮明代三百年江山之色；

衣冠一抔土，增溧阳五十世俎豆之光。

——史朴

残局泣孤忠，读奏章终篇，犹见行间含血泪；
溯源同一脉，幸梅花无恙，又从乱后拜忠灵。

——史杰

繁华成绮梦，怅望淮左名都，十里春风吹荞麦；
冷艳入梅花，想见孤臣俊杰，一抔黄土掩衣冠。

——朱祖延

梅花仙馆（扬州）
万年青史可法；
三分明月长存。

嵌字联

洪恩浩荡，不能报国反成仇；
史笔流芳，虽未成功终可法。

【注】此为义士夏完淳答洪承畴劝降时所作，嵌了"史可法"三字，掷地有声。

——孙　犁——

【语文名片】

孙犁（1913年—2002年），原名孙树勋，河北安平人。中国作家，被誉为"荷花淀派"创始人，1940年代发表的文集《白洋淀纪事》是其代表作。20世纪50年代又发表了《铁木前传》《风云初记》等作品。在改革开放的新时期，孙犁迎来了第二个创作高峰，他的作品以思想的深邃，文体的创新，艺术风格的鲜明和炉火纯青，在国内外产生广泛影响。从40年代起，孙犁作品结集出版的有小说集《芦花荡》《荷花淀》《采蒲台》《嘱咐》，中篇小说《村歌》《铁木前传》，长篇小说《风云初记》，叙事诗集《白洋淀之曲》，通讯报告集《农村速写》，散文集《津门小集》《晚华集》《秀露集》《澹定集》《书林秋草》《耕堂散文》，作品集《尺泽集》《曲终集》，论文集《文学短论》，还出版了《孙犁小说选》《孙犁诗选》《孙犁散文选》《孙犁文论集》及《孙犁文集》等。

《相片》《报纸的故事》《白洋淀纪事——采蒲台的苇》《黄鹂》《荷花淀》《亡人逸事》等入选语文教材。

【名联赏析】

荆树有花兄弟乐；
砚田无税子孙耕。

——孙犁家的旧对联（见孙犁的《记春节》）

上联"荆树有花"的典故，出自南朝梁吴均《续吴谐记》：汉代田真、田庆、田广三兄弟分家，决定把院中的紫荆树也分三段，各家一份。第二天砍树时，紫荆已枯死。田真见此情景，对两个弟弟说，树听说分为三段，自己枯死，我们真不如树啊，说完悲不自胜。兄弟仨决定不再分家，而紫荆树居然又复活了。后来，人们以"紫荆"比喻兄弟骨肉相连。"荆树有花兄弟乐"说的是只有兄弟和睦，家业才能兴旺发达。

下联"砚田无税"是旧时熟语，表达对读书生活的向往。如清代伊秉绶《砚铭》："惟砚作田，咸歌乐岁。墨稼有秋，笔耕无税。"

孙犁父亲盼着身体羸弱、酷爱诗书的儿子读书明理，勤奋向上，有朝一日出人头地。但他未曾料到的是，他的开明和期待，为中国文坛培养了一位大家。

晚鸿云海秀；
远巷陋斋清。

——姜维群集字联

集字联是旧文人的闲暇之作，在有限的单字里再创作，成为对联。

孙犁先生曾经书写过曾镇南的一首诗。曾镇南原诗是这样的："晚华凝秀露,劫后见霜容。澹定就远道,铿然抚焦桐。尺泽连沧海,陋巷接飞鸿。文气如云舒,直声盈苍穹。蚍蜉何足道,战士文自雄。虽曰老荒矣,凌云志更宏。无为思有为,芸斋岂茕茕。曲终能再奏,大雅贯长虹。十集成一帙,功如岱宗崇。"文后孙犁跋称,此诗有魏晋风神,声音清越。姜维群于此反复咀嚼此诗,得此五言联,以纪念孙犁先生。

【拓展链接】

烟霞闲骨骼；
泉石野生涯。

——孙犁书房联

风云初记,耕堂荷花,燕赵气节,同人尊仰；
铁木前传,耘斋秀露,魏晋文章,异世追怀。

——薛炎文挽孙犁

荷风荷雨荷花淀；
文伯文豪文曲星。

——王学仲挽孙犁

晚鸿云海秀；
远巷陋斋清。

——姜维群

T部

——陶渊明——

【语文名片】

陶渊明（约365年—427年），字元亮，又名潜，世称靖节先生，浔阳柴桑（今江西九江西南）人。东晋末期著名诗人、辞赋家。曾任江州祭酒、镇军参军、彭泽令等职，因社会动乱，政治腐败，辞官归隐。宅旁有五棵柳树，自号五柳先生，并作《五柳先生传》。田园生活是陶渊明诗的主要题材。唐代的田园诗人王维、孟浩然，宋代的田园诗人杨万里、范成大，都或多或少受到了陶渊明的熏陶和影响。陶渊明的诗和辞赋散文在艺术上具有独特的风格和极高的造诣，开田园诗一体，为古典诗歌开辟了新的境界。作品平淡自然，出于真实感受，影响唐代诗歌的创作。

《饮酒》《归园田居》《桃花源记》《五柳先生传》《归去来兮辞》等入选语文教材。

【名联赏析】

集贤祠（常州桃花源）

开口说神仙，是耶非耶，其信然耶，难为外人道也；
源头寻古洞，秦欤汉欤，将近代欤，欲呼渔子问之。

——萧大猷

萧大猷（1844年—1906年），字希鲁，一字省庐，晚号如园先生。晚清进士、诗人。萧大猷交际广泛，好游历，工诗词，著作颇丰，有《天山南北考》《续方舆经要》《如园诗集》等。

桃源洞不止常德一处，事涉神仙，千载下亦莫由考实。此联参用《桃花源记》及他文中成句，不着论议，弥觉隽妙。

弃彭泽微官，松翠菊黄，琴书而外醉三斗；
开田园诗派，韵真辞朴，千百年来第一人。

——陶博吾

陶博吾（1900年—1996年），原名陶文，字博吾，江西彭泽人。中国诗、书、画艺术大家。1985年，陶博吾参观陶渊明纪念馆，撰此长联言志。联句高度评价了陶渊明的人格理想及诗文成就。

卅六洞别有一天：渊明记，辋川行，太白序，昌黎歌，渔耶、樵耶、隐耶、仙耶，都是名山知己；
五百年问今何世？鹿亡秦，蛇兴汉，鼎争魏，瓜分晋，颂者、讴者、悲者、泣者，未免桃花笑人。

——罗润章

联语大意：桃花源是三十六洞天外的另一洞天，陶渊明为之作记，王维为之写《桃源行》，李白写了文章，韩愈也写了《桃源图》诗，不管他们写的是渔人、樵夫还是隐士、神仙，都是为名山增色，都要算是名山知己。自秦至晋中间经历了五六百年，秦也好，汉也好，魏蜀吴三国也好，晋被瓜分也好，都是封建王朝的兴替更代。但有为此而颂扬的、讴歌的，也有为此而悲哀的、痛哭的，这些人真不免要被桃花笑讽了。因为在桃花源里人看来，那只不过是局外的争夺而必然带来的历史演变罢了。上下联句合观，作者的观点很明显，是说：与自由自在的神仙乐土比起来，世事纷争，实在是毫无意义。读此联，读者似可领悟到这样的道理：桃花源这个景点的存在，在提醒人们认清世事的真相，建构起自己的精神乐土。

【拓展链接】

陶靖节祠（宿迁）
此间亦有南山，看云归欲夕，鸟倦知还，风景何殊栗里；
在昔曾游东海，忆芳草缘溪，林花夹岸，烟村别出桃源。

——陶澍

靖节祠（桃花源）

门前学种先生柳；
岭上长留处士云。

——集王维诗

无依柳色还思晋；
有托桃花巧避秦。

——江念所

先生岂必因桃源而重；
此地固应较栗里为佳。

——蔡昭襄

撰出一篇文，享祀此山，当日功成，应推桃花渔父；
耻为五斗米，臣事异姓，先生晚节，合谥禾黍顽民。

——吴恭亨

陶渊明纪念馆楹联

浩歌传三经；
傲菊自千秋。

——萧娴

质而绮，真且醇，自可传之千古；
樽中酒，篱下诗，岂甘了此一生。

——袁行霈

无丝竹之乱耳；
乐琴书以消忧。

——王遐举

【注】此联为集句。上联出自唐刘禹锡《陋室铭》，下联出自陶渊明《归去来兮辞》。

桃花源对联

山鸟似欲啼往事；

桃花依旧笑春风。

窃怪当日仙人，独思渔夫；

遍寻此中村落，不见桃花。

红树青山斜阳古道；

桃花流水福地洞天。

题陶渊明桃花源

县令大人耿介，为官不折腰，愤然舍去五斗俸禄米；

渊明先生清高，种田肯屈膝，只为收获数朵黄菊花。

——张志真

陶渊明撰联

勤学如春起之苗，不见其增，日有所长；

辍学如磨刀之后，不见其损，日有所亏。

题陶渊明

平生偏好菊，甘弃五斗轻君侯；

门前唯有柳，且扫三径待狂生。

W部

——王羲之——

【语文名片】

王羲之（303年—361年），字逸少，东晋时期著名书法家，有"书圣"之称。祖籍琅邪临沂（今属山东），后迁会稽山阴（今浙江绍兴）。历任秘书郎、江州刺史，后为会稽内史，领右军将军。其书法兼善隶、草、楷、行各体，精研体势，心摹手追，广采众长，备精诸体，冶于一炉，摆脱了汉魏笔风，自成一家，影响深远。风格平和自然，笔势委婉含蓄，遒美健秀。代表作《兰亭序》被誉为"天下第一行书"。在书法史上，他与其子王献之合称为"二王"。

《兰亭集序》入选语文教材。

【名联赏析】

毕生墨迹壮山水；
列坐放言无古今。

——佚名题王右军祠

东晋永和九年（353年）三月，王羲之约请谢安、孙绰等42位文友在兰亭集会，饮酒赋诗，互相唱和。王羲之把这些诗文汇录成集，并题写一序，这就是后人盛赞的《兰亭序》。上联写他们寄情山水，旷达不拘。王羲之在描写兰亭景色时曾留下这样的佳句："此地有崇山峻岭，茂林修竹。又有清流激湍，映带左右，引以为流觞曲水。"在这富有山林之趣的胜境，王羲之尽情挥毫，恣意泼墨，留下了被誉为"天下第一行书"的书法名作。下联指的应该就是这次兰亭盛会了。王羲之曾用"群贤毕至，少长咸集"来概述其盛况。并具体描写道："列坐其次，虽无丝竹管弦之盛，一觞一咏，亦足以畅叙幽情。"这正是"列坐放言"的具体情景。而"无古今"正表明了他们的话题之广，谈锋之深，这也是一桩人生乐事吧。

陵夷久蒿莱，缅江左衣冠，尚有文章传远胜；
登临余感慨，望中原戎马，莫教人物负溪山。

——汤寿潜题绍兴兰亭王右军祠

汤寿潜（1856年—1917年），原名震，字蛰先、蛰仙。山阴天乐乡（今属杭州市萧山区）人。光绪进士，是浙江最早的资产阶级改良派思想家。著有《尔雅小辨》《三通考辑要》等。

王右军祠在浙江绍兴兰亭西。上联:"陵邑",指王的祠墓;"蒿莱",野草、杂草,此指荒芜;"江左",长江下游以东地区,即今江苏省一带;"衣冠"此指前代骚人墨客;"文章",此指《兰亭集序》书帖。王羲之被尊为书圣,没想到他的墓也会年久失修,蒿莱遍地,人生真是无常。好在还有江左一带的文人学士,有文章彰显王羲之风流。

下联:"戎马",借指战争;"人物",指当时左右时局的人。文人学士总怀忧国忧民情怀,作者告诫苍生,千万千万不要有负祖国的大好山河啊!

联语借登临吊古,即景抒感慨,表达对王羲之的缅怀之情和对时局的忧虑之感。词工句丽,追昔抚今,雅致可诵。

题王羲之

《黄庭》换白鹅,千古书坛一佳话;
兰亭集金觞,九曲渌波几知音。

上联"《黄庭》"句:王羲之喜欢鹅,一僧人便养了一群白鹅,恰让王羲之"遇"上。僧人表示愿意将鹅送与王羲之,条件是王羲之送一件手书的《黄庭经》给佛门,王羲之慨允。此典成为书坛佳话。

下联"兰亭"句:东晋穆帝永和九年(公元353年)三月三日,王羲之与谢安等41人在山阴(今浙江绍兴)兰亭"修禊"。会上置觞(酒杯)于溪中,各人作诗,作不出则饮酒为罚。后将各人所作之诗汇集,王羲之为序,称为《兰亭集序》。王羲之所亲书《序》稿,被视为书法珍品,唐时为太宗所得,并随之殉葬。

【拓展链接】

王右军祠(绍兴兰亭)
盛会不殊,放怀宇宙忘今古;
幽情共叙,极目山林快咏觞。
        ——沙孟海

竹阴满地清似水;
兰气当风静若人。

深林闲数新添笋;
曲沼时观旧放鱼。

笔墨留声遗万代;
风流艺海看今朝。
        ——张爱萍

几番诗酒幽怨寄怀香篆;
万古才华虞游忆著山阴。
        ——刘丹

盛会溯兰亭,想当年曲水流觞,尽多逸趣;
法书传茧纸,到今日墨池遗迹,尚有余香。
        ——汤蛰先

此地似曾游,想当年列坐流觞未尝无我;

仙缘难逆料,问异日重来修禊能否逢君。

雅集鸿文传百代;
流觞韵事足千秋。

盛地长怀,风月有情娱此老;
古人不作,山水无言异昔时。

——郭昆焘

山水之间有清契;
林亭以外无世情。

题兰亭流觞亭
披雾还观沧海日;
流觞却异永和人。

——王焕镳

胜迹流连邻麹院;
群贤觞咏继兰亭。

——陈璐

【注】麹院:制麹的场所、酒坊。

——王　勃——

【语文名片】

王勃（约650年—676年），唐代诗人，字子安。绛州龙门（今山西河津）人。王勃与杨炯、卢照邻、骆宾王齐名，世称"初唐四杰"，王勃是"初唐四杰"之首。他们反对六朝以来颓废绮丽的风气，"思革其弊，用光志业"，致力于改革六朝文风，提出一些革新意见，开始把诗文从宫廷引向市井，从台阁移到江山和边塞，题材扩大了，风格也较清新刚健，对于革除齐梁余风、开创唐诗新气象，起了重要的作用。经过他与同时代人的努力，"长风一振，众荫自偃，积年绮碎，一朝清廓"，独具特色的文风，奠定了他在中国文学史上的地位。

《送杜少府之任蜀州》《滕王阁序》入选语文教材。

【名联赏析】

> 兴废总关情,看落霞孤鹜,秋水长天,幸此地湖山无恙;
> 古今才一瞬,问江上才人,阁中帝子,比当年风景如何?
>
> ——刘坤一

刘坤一(1830年—1902年),湘军宿将,字岘庄,湖南新宁人。廪生出身,1855年参加湘军与太平军作战。1862年,升广西布政使。1865年迁江西巡抚。1875年,授两广总督,1879年调任两江总督兼南洋通商大臣。1896年回任两江总督。在其后的甲午战争、百日维新、义和团运动、清末新政等晚清历史事件上均发挥着重要作用。

这副对联化用了王勃的滕王阁序和滕王阁诗。"落霞孤鹜,秋水长天,阁中帝子"都是原句。上联:王朝的盛衰总是可以引发人们的感慨和情感,看到这落霞孤鹜、秋水长天的美景,不由感叹,湖山依旧,这里的景色不会随着王朝更替而改变。下联:时间飞逝,从古到今好像是一瞬间似的,问王勃和滕王李元婴,现在比起当年风景如何。追古思今,赞叹了滕王阁的美景,更有"数风流人物,还看今朝"的豪迈感。

上下联引用王勃《滕王阁序》及题诗内容,一写出如今滕王阁景色,二道出滕王阁名处,三体现出滕王阁今景胜旧景。取材于众所周知的《滕王阁序》言,体现出一种文人哀婉,暮水秋山的浪漫情调。

> 依然极浦遥天,想见阁中帝子;

安得长风巨浪，送来江上才人。

——宋荦

极浦：指江水浩渺无际，浦，水滨。遥天：遥远的天边波光相连。"天"，有的本子作"山"。阁中帝子：指唐高祖李渊之子元婴。上联写站在滕王阁上，依然可以远眺江浦岚山，与当年没有什么不同。

安得二句：相传王勃省父，次马当，距南昌700里。梦水神，告曰，"助君一帆"。达旦，抵南昌与宴，席间成《序》，故称王勃为江上才人。下联写希望有一股"长风巨浪"，将王勃从江上送来，好一睹他的丰采！

联语化自《滕王阁序》，赏景怀古与抒情相结合，但于抚今追昔中，抒发了思古之幽情，景物依然，才人难得，又使作者生发叹惋之情怀。

有关滕王阁的对联无不关涉王勃及《滕王阁序》的事情，颇多杰构。此联则全在王勃作序事上用工着色，实使人们得以追溯滕王阁之响亮名头的原委。

有才人一序在上头，恨不将鹦鹉洲踢翻，黄鹤楼捶碎；
叹沧海横流无底止，慨然思班定远投笔，终子云请缨。

——江峰青

上联是说有了王勃《滕王阁序》之后，自己登阁就如当年李白登黄鹤楼一样，产生"眼前有景道不得，崔颢题诗在上头"的感受。传说曾有一和尚以李白的口气补成一诗，道："一拳捶碎黄鹤楼，一脚踢翻鹦鹉洲。眼前有景道不得，崔颢题诗在上头。"另一和尚又和咏了一首:"一拳捶碎黄鹤楼,一脚踢翻鹦鹉洲。有意气时消意气,不风流处也风流。"都将崔颢的《黄鹤楼》与祢衡的《鹦鹉洲》两篇名作联系起来说。江峰青在此也表示有李白式的狂放,但面对《滕王阁序》也无可奈何,无法写出与之一较高下的佳作。下联转而感慨时局动荡,慨然而有班超(字定远)投笔从戎、终军(字子云)请缨擒敌的志愿。此联写作者登上滕王阁,心潮起伏,欲立言以垂不朽已不可能,遂思在乱世立功,有所作为,联语直抒胸臆,气势恢宏而寄慨遥深。

【拓展链接】

南昌滕王阁联
滕王何在?剩高阁千秋,剧怜画栋珠帘,都化作空潭云影;
阁公能传,仗书生一序,寄语东南宾主,莫轻看过路才人。
——周崌芝

把西江水一口吸干,聊润我枯唇,纵谈曩日兴亡,多少桑田变沧海;
将南浦云两手抱住,不放他出岫,免得随风飘荡,又无霖雨及苍生。
——江峰青

鸣鸾昼静,画蝶春融,当年文采风流,雨卷云飞余胜赏;

乘鹤楼高，燃犀渚迥，是处江山辉映，诗成酒熟待才人。

——王霞新

三秋一序，常令八方墨客小心掷笔；
巨浪长风，又送四海才人大胆题联。

——常江

阁中帝子安在哉，只留些孤鹜落霞，点缀江山，万里文章归故郡；
此地阅人亦多矣，要惟是闲云潭影，迢遥冠盖，一时谈笑付春杯。

——崔世召

题王勃
登高一赋，瑰奇文章名千古；
临阁百感，跌宕郁气覆九州。

——文天祥——

【语文名片】

文天祥（1236年—1283年），字宋瑞，一字履善，号文山。吉州庐陵（今江西吉安）人，宋末政治家、文学家，抗元名臣，与陆秀夫、张世杰并称为"宋末三杰"。宝祐四年（公元1256年）状元及第，官至右丞相，封信国公。于五坡岭兵败被俘，宁死不降。至元十九年十二月初九（公元1283年1月9日），在柴市从容就义。他是南宋末世最有成就的诗人和散文家。名篇《指南录后序》描写自己颠沛流离、万死南归的传奇经历，字里行间，澎湃着至死不渝的爱国激情，读之令人泪下。著有《文山诗集》《指南录》《指南录后序》《正气歌》等。

《过零丁洋》《指南录后序》等入选语文教材。

【名联赏析】

杜宇声寒，柴市一腔留热血；

梅花梦断，瓯江千载泣忠魂。

——秦瀛

此联为清嘉庆间温州道员秦瀛所撰该祠楹联。秦瀛（1743年—1821年），字凌沧，一字小岘，号遂庵，江苏无锡人。乾隆三十九年（1774年）举人，官刑部侍郎。以诗古文名当世，工行、楷，有董其昌意，兼善隶书。卒年七十九。

元兵攻灭南宋朝廷后，陆秀夫等拥益王赵昰、广王赵昺至温州继续抗元。《温州府志》称诸人曾在江心寺筹划，文天祥亦从敌中逃脱，自高邮泛海至温州，故后人于江心寺建文天祥祠以祀之。柴市在今北京，为文天祥就义处，江心寺即建在瓯江江心屿中。一为就义之地，一为凭吊之地，上下联用两个地名点眼，抒发敬慕悼惜之情。杜宇、梅花，渲染气氛，亦佳。但词意过于衰飒，似挽联而不似祠宇联。

久要不忘平生之言，古谊若龟鉴，忠肝若铁石；
敢问何谓浩然之气，在地为河岳，经天为日星。

——李銮宣

李銮宣（1758年—1817年），清代人士，字伯宣，号石农，山西静乐人。乾隆五十五年（1790年）进士，历官至四川布政使。嘉庆三年（1798年）擢温、处兵备道，莅治六载，振兴文教。善行、楷书，与前观察秦小岘有"前秦后李"之称。卒年六十。著有坚白石斋诗集。

此联为温州江心寺文天祥祠楹联。龟鉴：龟，占卜用的龟甲；鉴：镜子，龟可以卜吉凶，镜可以比美丑。比喻借鉴。

古谊：古贤人之风义。

《宋史·文天祥传》载："帝（理宗）亲拔为（殿试）第一，考官王应麟奏曰：'是卷古谊若龟鉴，忠肝如铁石，臣敢为得人贺。'"上联即用此典，赞文天祥终生不忘知己者久要之言。文天祥就义前作《正气歌》，首云："天地有正气，杂然赋流形，下则为河岳，上则为日星，于人曰浩然。……"下联即化用诗语。此联题于温州江心寺文天祥祠中，句中对、上下对铢两悉称，驱使典实，举重若轻，敬仰之情，溢于言表。

犹留正气参天地；
永剩丹心照古今。

——佚名

此联作者不可考，但不失为一副佳联。联句上下联非常巧妙地融进了文天祥的诗词名作，同时对文天祥的精神又有崇高的赞誉。

《正气歌》是文天祥所作的诗，创作于元大都的监狱中。该诗慷慨激昂，充分表现了文天祥坚贞不屈的精神。开篇点出狱中有"水、土、日、火、米、人、秽"七气，而文天祥则要以一正气而敌七气，诗中吟道："哲人日已远，典刑在夙昔。风檐展书读，古道照颜色。"乃千古绝唱。

《过零丁洋》是文天祥在1279年经过零丁洋时所作的诗，是一首永垂千古的述志诗，是一首动天地、泣鬼神的伟大诗篇，是诗人用自己的鲜血和生命谱写的一曲理想的人生赞歌。全诗格调沉郁悲壮,浩然正气贯长虹,最后一句"人生自古谁无死?留取丹心照汗青"为千古名句,广为流传。

【拓展链接】

文天祥祠(泰州海安)
海道昔曾经,虾子湾头,一叶扁舟支半壁;
祠堂今重建,凤凰山下,千秋词客吊孤忠。

心存报国,志切勤王,纵力绝援穷,无惭陆秀夫赴海偕亡,一死留两间正气;
生既效忠,殁尤仗义,便魂风血溅,足值谢皋羽登台恸哭,千秋钦大宋完人。

——张荣培

文天祥祠(温州江心屿)
江畔高亭,明月清风留客醉;
屿上古寺,白云流水伴僧闲。

——王十朋

孤屿有邻,喜得卓公称后死;
严陵在望,直呼翱文哭先生。

孤屿常留天地正气;

一死终明孔孟真传。
——王蘧常

正气足千秋，祗今砥柱中流，得力在惶恐滩头，零丁洋里；
忠臣唯一死，壮此崇祠孤屿，触景到罗浮山下，扬子江心。
——黄维浩

文天祥墓（吉安）
天赋忠烈千秋志；
祥赐英名万古存。

文天祥祠（吉水）
宰相状元余事耳；
文章义节两兼之。

文天祥祠（潮阳）
大人之学，仁至义尽；
先生之风，山高水长。

文天祥祠（北京）
南宋状元宰相；
西江孝子忠臣。

正气常存俎豆至今尊帝里；
孤忠立极神灵宜近接黉宫。

正气贯人寰，河岳日星传万世；
明禋崇庙观，丹心碧血照千秋。

雷潜九地声元在；
月暗千山魂再明。

正气识孤忠无愧丹心昭日月；
浩天抡对策长荣青史壮乾坤。

二忠祠（北京鲜鱼口）
花外子规燕市月；
柳边精卫浙江潮。

——边华泉

【注】祀文天祥、李邦华。

题文天祥
吟天地之正气，甘倾热血书青史；
感故国之山河，但携忠魂过零丁。

——闻一多——

【语文名片】

闻一多（1899年—1946年），本名闻家骅，字友三，湖北蕲水（浠水）人，中国伟大的爱国主义者，坚定的民主战士，中国民主同盟早期领导人，中国共产党的挚友，新月派代表诗人和学者。1899年闻一多生于一个书香家庭，1912年考入清华留美预备学校，1916年开始在《清华周刊》上发表系列读书笔记，总称《二月庐漫记》。代表作（诗集）有《红烛》《死水》等，作品主要收录在《闻一多全集》中。1925年3月在美国留学期间创作《七子之歌》，共七首，分别是澳门、香港、台湾、威海卫、广州湾、九龙、旅顺和大连。1946年夏在昆明被国民党特务暗杀。

《最后一次演讲》《一句话》《死水》等入选语文教材。

【名联赏析】

闻一多故居（浠水）

遥看北斗挂南岳；
常撞大吕应黄钟。

——闻一多

这是闻一多先生40年代在昆明时，挂在书案旁的一副对联。

这副对联系前人集苏轼诗句而成。上联出自其《柏家渡》："欲因新月望吴云，遥看北斗挂南岳。"下联出自其《次韵刘景文西湖席上》："二老长身屹两峰，常撞大吕应黄钟。"闻一多先生对此联寄托颇深。在其生命的最后几年，他把"北斗"看作中国人民的救星共产党，把"南岳"视为解放区。遥望北斗星，思念解放区的亲人。下联，则成了他内心愿望的独白。他决心像大吕与黄钟相互配合组成乐曲一样，让自己的言行与共产党协调一致，始终合拍。前人集句联，借来为自己浇洒心中块垒之酒杯，不但运用得当，天然妙成，而且寓意情深，藏而不露，用梁启超先生的话说，那就是"驱使前辈，天衣无缝，而含蓄蕴藉，别有怀抱"（《饮冰室合集》）——这大概是闻一多先生特别喜爱这副对联的原因吧！

仰止高亭永忆春之末章粉碎琉璃，一生奋斗为民主；
长吟遗作忍看你的脂膏泪流蜡炬，千秋不息向人间。

——赵朴初题闻一多纪念亭

闻一多之子闻立雕在《忆赵朴老二三事》中写道：朴老为写这副对联很下了一番功夫，硬是细心阅读，反复琢磨了父亲许多诗作之后才写出来的。上联中的"春之末章"是父亲的一首诗名，"粉碎琉璃"一句则是从该诗中"坍碎了一座琉璃宝塔一般"演化而来。原句意在描写春回大地之际儿童们在室外玩耍时发出的欢笑声。朴老将之与"一生奋斗为民主"联系起来，表现父亲笑迎斗争，笑对死亡的伟大精神。下联中"泪流蜡炬"等词则是从父亲的名诗《红烛》中引申出来的。父亲在这首诗中热烈赞扬红烛为了给世界带来光明，将自己的脂膏"不息地流向人间"，不问收获，只问耕耘的献身精神。

【拓展链接】

挽闻一多
血溅金沙，允有大名光宇宙；
魂招歇浦，愧无巨笔志功勋。

——宋庆龄

取义成仁民之主也；
青天白日人可杀乎。

——中国民主同盟

昆池为热泪流积，所悲国家人才，连遭毒手；
历史是鲜血造成，要争政治民主，岂惮杀身。

——张澜挽李公朴闻一多

W部

为民主，为和平，为大众，成仁取义；
反独裁，反内战，反特务，虽死犹生。

——周恩来　邓颖超

国权丧失人人急，内战绵延处处哀；
死为救民悲烈士，完成遗志恃吾侪。

——吴玉章挽李公朴闻一多

不再跨回来认定前途有民主；
随时准备死造成历史最光荣。

——沈钧儒

猿鹤混虫沙，抚迹疑非人世境；
名园犹水木，论文空忆旧时樽。

——罗庸

威武不屈，贫贱不移，为儒林完此一格；
披肝以活，抚额以死，斯学者信可千秋。

——夏康农

时局多艰，思国士，争民主，求和平，与奸邪搏斗不惜一死；
风雨如晦，怀故人，同忧患，共肝胆，遽朋侪摧抑如何勿伤。

——楚图南

为民主而献身罱耗惊天下；
以诗人成战士文章泣鬼神。

——吴晗

X部

——辛弃疾——

【语文名片】

辛弃疾（1140年—1207年），南宋词人。字幼安，别号稼轩，历城（今山东济南）人。出生时，中原已为金兵所占。21岁参加抗金义军，不久归南宋。历任湖北、江西、湖南、福建、浙东安抚使等职。一生力主抗金。曾上《美芹十论》与《九议》，条陈战守之策，显示出卓越的军事才能。其词抒写力图恢复国家统一的爱国热情，倾诉壮志难酬的悲愤，对当时执政者的屈辱求和颇多谴责；也有不少吟咏祖国河山的作品。题材广阔又善化用前人典故入词，风格沉雄豪迈又不乏细腻柔媚之处。作品集有《稼轩长短句》，今人辑有《辛稼轩诗文抄存》。

《青玉案·元夕》《摸鱼儿》《永遇乐·京口北固亭怀古》《西江月·夜行黄沙道中》《清平乐·村居》《水龙吟·登建康赏心亭》《菩萨蛮·书江西造口壁》等入选语文教材。

【名联赏析】

铁板铜琶,继东坡高唱大江东去;
美芹悲黍,冀南宋莫随鸿雁南飞。
——郭沫若于1959年题山东省济南辛弃疾纪念祠

此联题山东省济南辛弃疾纪念祠。宋代俞文豹《吹剑续集》称东坡词"须关西大汉执铁板,唱大江东去"。上联用此,称辛弃疾与苏轼的词风同样是豪放激越,雄壮大方。正因而,文学史上并称"苏辛"。下联的"美芹悲黍"中的"芹"指芹菜。《列子·扬朱》载:有人向同乡富豪赞美芹菜好吃,结果富豪吃了反倒嘴肿闹肚子。后人以"献芹"称所献之物菲薄,以示诚意。"美芹",指辛弃疾曾上著名奏议《美芹十论》。黍即小米,据史书记载,周室东迁后,周朝志士回到故都,见昔日宗庙夷为田地,黍苗丛生,便悲国家之颠覆,故《诗经》有《黍离》篇。"悲黍",此处代指辛弃疾悲叹领土分裂的词作。下联写辛弃疾忧心国事,希望南宋小朝廷不要学鸿雁南飞偏安一隅,而失去大好河山。此联精确地概括了辛弃疾的豪迈词风和爱国精神,对前来瞻仰者有很好的鼓励作用。

题辛弃疾

敌营曾缚俘,管中豪气鼓荡出;
殿前数陈策,匣里龙泉日夜鸣。

上联"敌营"句：《宋史·辛弃疾传》载金主完颜亮死，"中原豪杰并起，耿京聚兵山东，称天平节度使……弃疾为掌书记，即劝京决策南向……绍兴三十二年，京令弃疾奉表归宋，高宗……嘉纳之……并以节使印告召京"。等辛弃疾返回时，耿京手下将领张安国、邵进已杀京降金。"弃疾……乃约统制王世隆及忠义人马全福等径趋金营，安国方与金将酣饮，（弃疾）即众中缚之以归……献俘行在，斩安国于市"。管：笔管，指毛笔。下联"殿前"句：辛弃疾力主抗金，反对议和，所上著名奏疏有《美芹十论》《九议》等。龙泉：古代宝剑名，后代指剑。李白《在水军宴赠幕府诸侍御》："宁知草间人，腰下有龙泉。"辛弃疾曾身披一身豪情，奔走沙场，血溅战袍，却因身后小人的诽谤和统治者的昏庸而不得不泪洒宣纸、笔走龙蛇。辛弃疾正当壮年又胸怀大志，是阅历丰富的政治家，在金宋乱世中大起大落、大进大退，做出了自己的抉择，让一曲"以天下为己任"的绝唱响彻千古。

【拓展链接】

辛弃疾纪念祠（济南大明湖）
烟柳斜阳，归去东南余半壁；
云山故国，望中西北是长安。

——马公愚

力挽山河，浩气贯日月，空余英雄心一颗；
名垂宇宙，文光冲斗牛，剩有悲壮词千篇。

——臧克家

赣州郁孤台联

台以时观游，邢太守谓关文运，理或然欤？喜年来润色虎头，万丈光芒生彩笔；
才岂分今古，苏长公托写吟怀，音斯雅矣，问此外因缘鸿爪，几人诗句在笼纱？

郁结古今事；
孤悬天地心。

白鹭洲中分二水；
黄鹤楼雄踞半城。

合吴楚两大观都归此境；
作章贡一夕话续到吾侪。

——徐志摩——

【语文名片】

徐志摩(1897年—1931年),诗人、散文家。1915年毕业于杭州府中学堂,先后就读于上海沪江大学、天津北洋大学和北京大学。1918年赴美国克拉克大学学习银行学,后转入哥伦比亚大学的研究院,进经济系。1921年赴英国留学,入剑桥大学当特别生,研究政治经济学。在剑桥两年,深受西方教育的熏陶及欧美浪漫主义和唯美派诗人的影响。1923年成立新月社,是新月社代表诗人。1924年任北京大学教授。1926年任光华大学、大夏大学和中央大学教授。1930年再度任北京大学教授,兼北京女子师范大学教授。1931年11月19日因飞机失事罹难。代表作品有。徐志摩倡导新诗格律,对中国新诗的发展做出了重要的贡献。

《再别康桥》《翡冷翠的一夜》入选语文教材。

X部

【名联赏析】

陆小曼挽徐志摩

多少前尘成噩梦,五载哀欢,匆匆永诀,天道复奚论,欲死未能因母老;

万千别恨向谁言,一身愁病,渺渺离魂,人间应不久,遗文编就答君心。

陆小曼(1903年—1965年),生于上海,毕业于北京的圣心学堂。陆小曼是著名的常州才女,是曾被称为"东方美人"的既富于浪漫情调又忠于爱情生活的新式女性。她能诗善画,多才多艺。她曾由北洋政府外交总长顾维钧聘任为外交翻译。1926年与著名诗人徐志摩结婚。1931年志摩因飞机失事不幸逝世,她全力为徐整理遗著出版。新中国成立后,她受聘为上海中国画院专职画师,兼任上海文史馆馆员。

在徐志摩追悼会上,多情的陆小曼作对联,哀挽徐志摩。此联写得情文兼至,凄婉动人;下联末句正是她为徐志摩编全集所做的庄严承诺。

两卷新诗,廿年旧友,相逢同是天涯,只为佳人难再得;

一声何满,九点齐烟,化鹤重归华表,应愁高处不胜寒。

——郁达夫

郁达夫与徐志摩早年是中学同窗,后来又同为中国新文化运动积极努力,郁达夫对徐志摩的英年早逝表示了真诚的惋惜,慨叹新诗队伍中少了一位"佳人"。

上联写徐志摩一生主要贡献以及死者与己的情谊和志趣。"两卷新诗",指徐志摩的诗作《志摩的诗》和《猛虎集》。郁达夫与徐志摩是杭州府中学堂的同学,当时徐志摩是班长,所以是"廿年旧友",郁留学日本,徐留学欧美,故联中说"相逢同是天涯"。"佳人"这里代指徐志摩,犹云志趣相投的好朋友,如今再难相逢了。

下联写诗人逝世前后的情景,"一声何满",是唐代诗人张祜《何满子》诗"一声何满子,双泪落君前"句的缩写,指的是伤心落泪,"九点齐烟",典出唐李贺《梦天》诗"遥望齐州九点烟",此处暗指飞机失事山东上空。"化鹤"典出《搜神后记》:辽东丁令威在灵虚山学道成仙,化鹤归辽,后常以此比喻人死亡,如乘鹤西归、驾鹤仙去等。"华表",古时设在宫殿、城墙或帝王陵墓前做标志或者装饰用的大柱,这里借指故里。这句是指徐志摩仙逝,化鹤重归故里。末句化用苏轼《水调歌头》"我欲乘风归去,又恐琼楼玉宇,高处不胜寒"句,寄托了作者对徐志摩惨死的悲痛和挚友的深情。天妒英才,俊彦早夭,惺惺相惜,郁达夫的这副挽联,有一种凄艳绝伦的艺术美!

郁达夫还曾为徐志摩写过一副挽联:"新诗传宇宙,竟尔乘风逝去,同学同庚,老友如君先宿草;华表托精灵,何当化鹤归来,一生一死,深闺有妇赋招魂。"此联与前联可以说难分伯仲,为同一个死者写两副挽联,在郁达夫的生平中绝无仅有,可见作者与死者感情之深厚!

考史诗所载，沈湘捉月，文人横死，各有伤心；尔本超然，岂期邂逅罡风，亦遭惨劫！

自襁褓以来，求学从师，夫妇保持，最怜独子；母今逝矣，忍使凄凉老父，重赋招魂？

——徐申如（徐志摩之父）

上联"史诗"，此指叙述诗人传说的史事。"沈湘"，指战国时楚三闾大夫屈原自沉汨罗江而死的事。沈，同"沉"，湘，湘水。指汨罗江。"捉月"，指唐代大诗人李白在安徽采石矶头坠入江中而死之事。"横死"，指自杀、被害或意外灾祸而死。此指志摩飞机失事而死。"超然"，指离开人世。"邂逅"，谓没有约会而遇到。"罡风"，指自天上来的风险。罡，天罡，即北斗七星的柄。风，天风。下联"襁褓"，即背负小儿的背带或布兜。"保持"，谓保护扶持。"招魂"，谓召唤死者的灵魂。屈原作《招魂》，他深痛楚怀王之客死而招其魂。汉王逸认为《招魂》篇为战国楚宋玉作，招屈原之魂。联语乃父挽子，字字血，声声泪，哀情并茂，读来令人肝肠寸断。

【拓展链接】

徐志摩合撰、应对联
雨巷丁香空惆怅；（徐志摩）
康河水草自招摇。（戴望舒）

——戴望舒应对徐志摩

挽徐志摩联
志轶云霄外；
诗留天地间。

——张元济

一夕清谈成永诀；
万山云雾葬诗魂。

——刘半农

万里快鹏飞，独憾翳云遽失路；
一朝惊鹤化，我怜弱息去招魂。

——张幼仪

粉碎向虚空，昆山真炼成并尽，
文章憎命达，云鹏应悔不高飞。

——叶恭绰

活得风流，死得火速，不愧文学家态度；
逝者目瞑，存者魂销，仍是历史上白科。

——蔡元培

一周星两丧诗人，苏之南湖，浙之东海；
八阅月重挥悲泪，昔哭老姊，今哭贤甥。

——沈佐辰

叹君风度比行云，来也飘飘，去也飘飘；
嗟我哀歌吊诗魂，民何凄凄，雨何凄凄。

——李惟建、黄庐隐

归神于九霄之间，直看噫籁成诗，更忆招花微笑貌；
北来无三日不见，已诺为余编剧，谁怜推枕失声时。

X部

——梅兰芳

器利国滋昏,事同无定河边,虾种横行,壮志奈何齐粉化;
文章交有道,忆到南皮宴上,龙头先去,新诗至竟结缘难。

——章士钊

言语是诗,举动是诗,毕生行径都是诗,诗的意味渗透了,随遇自有乐土;

乘船可死,驱车可死,斗室坐卧也可死,死于飞机偶然者,不必视为畏途。

——蔡元培

Y部

岳 飞

【语文名片】

岳飞(1103年—1142年),字鹏举,相州汤阴(今属河南)人。中国历史上著名的抗金名将。

岳飞精忠报国的精神深受中国各族人民的敬佩。其在出师北伐、壮志未酬的悲愤心情下写的千古绝唱《满江红》,至今仍是令人士气振奋的佳作。其率领的军队被称为"岳家军",人们传诵着"撼山易,撼岳家军难"的名句,表示对"岳家军"的最高赞誉。绍兴十一年十二月二十九日(1142年1月27日),秦桧以"莫须有"的罪名将岳飞杀害于临安(今杭州)风波亭,1162年,宋孝宗时诏复官,谥武穆,宁宗时追封为鄂王,改谥忠武,有《岳武穆遗文》传世。

《满江红》入选语文教材。

【名联赏析】

青山有幸埋忠骨；
白铁无辜铸佞臣。

——松江女史

　　这一副楹联，在杭州西湖畔、栖霞山麓岳飞墓阙的后面，正对岳墓，有传是别名"松江女史"的人所作。上联中"青山"指栖霞山，"忠骨"指岳飞的尸骨。大意是栖霞山因能掩埋忠臣的尸骨而感到庆幸。下联中"无辜"即无罪之意，"佞臣"指的是跪在岳飞墓前的秦桧与妻子王氏、张俊和万俟卨这四个奸臣。大意是白铁本没有罪，却不幸被铸成了奸臣像，含蓄地指出四个奸臣被后世万人唾骂、遗臭万年的下场。

　　对联采用了对偶、拟人、借代、对比等修辞手法，"青山""白铁"本无生命，更谈不上情感，所以根本没有"有幸"和"无辜"之说，但一经拟人手法的包装，便全都具有了灵性。联中为"青山"能"有幸埋忠骨"而表示欣慰，又为"无辜"的"白铁""铸"了"佞臣"而深感惋惜。强烈的对比，生动而鲜明地表达出后人对英雄的敬仰和对奸臣的唾弃。

人从宋后羞名桧；
我到坟前愧姓秦。

——秦大士

　　秦大士（1715年—1777年），字鲁一，号涧泉，晚号秋田老人，南京人。乾隆十七年（1752年）状元，文才出众，武艺高强，为人正直。曾和朋友来到栖霞岭下的岳飞墓前，朋友们指着坟前反绑双手、朝坟下跪的秦桧等铁人铸像，对他揶揄说："涧泉兄，尊祖这般模样，你可有题咏让我们拜读一二呀？"秦桧是南宋初江宁（今南京）人，所以朋友们将他扯成秦大士的祖上。不料，秦大士并未因朋友们的揶揄而生气。他略一思索，便挥笔写道："人从宋后羞名桧，我到坟前愧姓秦。"此联准确地表达了秦大士的真实感情，出众的才华，颇为动人。

咳！仆本丧心，有贤妻何至若是？
啐！妇虽长舌，非老贼不到今朝！
——阮元题岳王庙岳飞墓

阮元（1764年—1849年），字伯元，号芸台，又号雷塘庵主，晚号怡性老人，江苏仪征人。乾隆五十四年（1789年）成进士，入翰林院任庶吉士，1790年授翰林院编修。任职浙江前后12年，两度出任浙江巡抚，在杭州期间，修筑海塘，创办书院，重修岳庙，政绩斐然。

阮元重修岳王庙，将兵器熔铸成秦桧夫妇二像，跪在岳坟前。有好事者作联刻板，将"咳！仆本丧心，有贤妻何至若是？"挂在秦桧颈项，将"啐！妇虽长舌，非老贼不到今朝"挂在秦桧妻王氏颈项。

作者运思非凡，故意把斥责之意借秦桧夫妇追悔互诉对话表达。这些大白话很能展示权奸夫妇恶贯满盈、自食其果后的复杂心情。读联句，如闻奸佞斗口，想必是久跪庙前，饱受唾骂,终于互相怨詈攻讦。权奸也有如此下场!

当代联家、湖南文史研究馆馆员胡静怡有次听到一对夫妇吵架,仿此联写成了一副反腐主题的佳联:

哼!贱妇愚哉,非吾直上青云,何来彩电?
呸!莽夫谬矣,是我亲缝绿帽,始有乌纱!

夫妇斗嘴吵闹的语气毕肖,将此人贪财受贿、以色铺路的真相,非常生动地呈现出来。

浙江杭州西湖岳王庙

千秋冤案莫须有;
百战忠魂归去来。

——吴雪樵

岳王庙在西湖之畔栖霞岭下、岳飞墓东侧。庙内题联琳琅满目,多为讴歌岳功、痛斥秦贼之作。此联则是从同情岳飞着笔,指出是秦桧的"莫须有"三字害死了忠臣岳飞,造成了千古冤案。现在昭雪了,呼唤身经百战的岳飞的忠魂快些归来。这对瞻仰岳像并诵读此联的游人来说,有着莫大的感染力。联句中的"莫须有""归去来"皆有出处。前者出自《宋史·岳飞传》,韩世忠问秦桧岳飞有何罪名?秦桧答"莫须有(也许有)",韩即说道,"莫须有"三字何以服天下!后者系陶渊明名篇《归去来兮辞》的首句中三字。

【拓展链接】

岳飞庙（汤阴）
蓬头垢面跪阶前，想想当年宰相；
端冕垂旒临座上，看看今日将军。

——刁承祖

【注】此联题五跪像后施全祠。五跪像包括残害岳飞的秦桧、王氏、万俟卨、张俊、王俊。

存巍然正气；
壮故乡山河。

——魏巍

孤愤书两表，墨迹犹在；
报国秉一心，浩气长存。

——魏传统

南渡君臣轻社稷，长城自毁；
北征将帅竭忠贞，青史遐传。

——翁闿运

人生自古谁无死；
第一功名不爱钱。

——何金寿

朱仙镇血战丧敌胆；
风波亭长恨遗千秋。

——张爱萍

千古忠贞昭日月；

Y部

一门英烈壮河山。

————李天马

志铭精忠救国；
世仰还我河山。

十年苦功一朝尽废；
百世英名万古流芳。

————汤雨亭

可歌可泣一代伟业；
长歌长泣千载英灵。

泪洒千秋，英灵河岳生身地；
铭心四字，贤母经纶刺背书。

————潘受

俯仰无愧天地；
文武皆字春秋。

————廖汉生

千古奇冤，热血挥洒遍寰宇；
百世流芳，精忠彪炳启后贤。

————楚图南

救国有心，嗟壮志未酬，捷报频传身竟死；
回天无力，恨权奸构陷，长城自毁罪难逃。

————臧克家

怒发冲冠，只缘二帝蒙尘，壮志欲餐胡虏肉；

精忠报国，而竟千秋遗恨，英雄未复旧山河。

——熊克立

文官不爱钱，武官不惜死，果如公言，宋室何至南渡；
罪名莫须有，忠冢栖霞山，长留人愿，国魂几时北来。

——吴栋梁

文官不爱钱、武官不惜死，求太平盛世有良方，壮矣！二言可鉴忠心一片；
君言莫征战、相言莫须有，存精忠报国苦无门，昏哉！三字竟炼冤狱千秋。

——刘大伟

山川戎马异；
涕泪古今同。

——张书范

气撼黄龙府；
心伤金字牌。

——朱焰

丹心昭日月；
正气振古今。

——赵士恒

三字奇冤千古恨；
一门忠烈万年宗。

——李俊伴

精忠报国正扬威，那堪一夕风波，顿毁华夏长城、北门锁钥；
昏君奸相今安在？留得千秋祠墓，永伴西湖月色、东海潮声。

——刘虚

岳飞庙（开封朱仙镇）

炳史册精忠资社稷；
收河山报国筑长城。

——李允久

一笑十牌凭浩气；
常思三字仰精忠。

三字含冤，全忠全孝；
一军难撼，慑佞慑金。

空盟白马，冤沉三字狱；
未饮黄龙，泪洒十年功。

可泣可歌，十二金牌悲壮士；
堪诛堪弃，一双铁像跪奸臣。

岳侯祠（岳阳）

忠臣死忠，孝子死孝，大丈夫当如此矣；
南人归南，北民归北，小朝廷岂求活耶。

——王永祚

岳飞祠（衡东真塘镇）
光同日月昭先绪；
忠贯斗牛裕后昆。

岳飞故居（汤阴程岗村）
忠信存心，一己常怀厚道；
公平接物，四方共乐春风。

启忠祠（杭州西湖）
泣雨剩南朝，呼断爷爷，千秋冤狱莫须有；
悲风号北地，愤推将将，百战忠魂归去来。

——王成瑞

父教成仁母教忠，想半世英雄伟烈，生既殉身，死犹护国；
亲受恩封死受袭，看一堂俎豆馨香，阳膺崇祠，阴列威神。

——吴廷康

予唯命，夺唯命，进退唯命，三字冤狱摧坏长城，堪恨枢廷无切谏；
割于斯，哭于斯，聚族于斯，一角残山尚留旧第，应知柏树有余馨。

——杨昌浚

忠坟（杭州西湖）
尚有精诚留瓦巷；
更移忠骨镇栖霞。

——胡树堂

九曲旧丛祠，父老相传，此地曾埋碧血；
一门昭大节，英灵难没，惟天可鉴丹心。

——程钟瑞

岳王庙墓（杭州栖霞岭）
奈何铁马金戈，仅争得偏安局面；
至今山光水色，犹照见一片丹心。

——王蘧常

观瞻气象耀民魂，喜今朝祠宇重开，老柏千寻抬望眼；
收拾山河酬壮志，看此日神州奋起，新程万里驾长车。

——赵朴初

正邪自古同冰炭；
毁誉于今判伪真。

——吴迈

史笔炳丹书，真耶，伪耶！莫问那十二金牌；七百年壮士仁人，更何等悲歌泣血。
墓门凄碧草，是也，非也！看跪此一双顽铁；万千世奸臣贼妇，受几多恶报阴诛。

——彭玉麟

天下太平，文官不爱钱，武官不惜死；
乾坤正气，下则为河岳，上则为日星。

——王荤

赍恨葬英雄，漫道青山有幸；
铸谗成镣铐，谁云白铁无辜。

旧事总惊心，阶前桧贼；
感时应溅血，庙侧花神。

——彭元瑞

还我河山，一片忠心惟报国；
驱尔异族，百年奇耻不共天。

——冯玉祥

老奸终古分尸，鬼斧神斤，劈开桧树；
快事一时拊掌，风欺雪虐，压倒秦头。

——俞樾

臣忠子孝，万古英声，赫赫并乾坤不朽；
妻节女贞，一门芳誉，明明同日月争光。

是大英雄慷慨成仁，终古纲常立尺极；
此地湖水芳馨可荐，百年松桧见精忠。

——阮性宜

乾坤正气，忠孝完人，树千古英雄模范；
庙貌重新，湖山生色，赖众擘缔造艰辛。

——何丰林

大烈震乾坤，三字含冤，未抵黄龙同痛饮；
孤忠悬日月，千秋生气，只从青史仰威名。

——朱明亮

日月照孤忠，三字沉冤，大地裂裳盟白马；
江山忱半壁，重新祠宇，中原遗恨饮黄龙。

拓地饮黄龙，厥志当酬，尚见泥兵湿蒋庙；
呼天悲铁像，此冤未雪，常闻石马哭昭陵。

——张岱

精诚与松柏同坚，万古昭昭，公自大名垂宇宙；
庙貌与湖山并寿，寸衷耿耿，我为时势吊英雄。

——陈琪

西湖土谷祠（杭州）
南宋三忠，古社枌榆隆报赛；
西湖半壁，大招风雨降神灵。

——魏滋伯

【注】祀岳飞、韩世忠、文天祥。

岳家祠（沂南）
恪守少保家风，五百年瓜瓞绵绵，义胆忠肝传奕祀；
钦承明威功业，数十世子孙缉缉，勤耕苦读庆庭除。

题岳飞
八千里风云，所向披靡，精忠报国，挥师破敌胆，直捣黄龙誓如山；
十二道金牌，天命难违，碧血沉冤，洒泪惊我魂，漫掩青史恨成海。

——郁达夫——

【语文名片】

郁达夫（1896年—1945年），原名郁文，字达夫，浙江富阳（今杭州市富阳区）人，中国现代著名小说家、散文家、诗人。郁达夫精通五门外语，分别为日语、英语、德语、法语、马来西亚语。早年留学日本，1921年出版小说集《沉沦》，与郭沫若等发起成立创造社。回国后从事新文学创作，主编《创造季刊》《洪水》等文学刊物。1928年与鲁迅合编《奔流》杂志，1930年参加左联。郁达夫是20世纪二三十年代最活跃的作家之一，在小说、散文、旧体诗词及评论方面都有佳作。同时，郁达夫具有强烈的民族气节，积极从事抗日宣传活动，后被日本宪兵队杀害。代表作《沉沦》《故都的秋》《春风沉醉的晚上》《过去》《迟桂花》等。

《故都的秋》《江南的冬景》等入选语文教材。

【名联赏析】

绝交流俗因耽懒；
出卖文章为买书。

——郁达夫题书室

这是郁达夫先生的一副居室联。"流俗"，世俗的人，含有平常、凡庸的意思；"耽懒"，沉溺于懒散中。他的另一联作堪作上联的注脚："直以慵疏遭物议；莫抛心力作词人。"下联与龚自珍的"著书都为稻粱谋"有异曲同工之妙。在当时黑暗残暴的政治环境中，清高的郁达夫先生不想随俗，更不愿媚俗，宁愿"耽懒"，也不愿与丑恶势力宵小之徒同流合污，同时也表明了他"不使人间造孽钱"的崇高人格！联语述怀言志，不为世俗所羁，独以求知自乐，表明作者旷达之怀。

芳草有情皆碍马；
春城无处不飞花。

——集罗隐、韩翃句

这是郁达夫先生的一副集句联。集古人诗句作联，看似容易，实则很难，如箩中拣花，撷来成联，除了对仗平仄，意境要工整相符外，还须忌生拉硬扯的弊病，故联界一直有"撰联容易集句难"的说法，郁达夫先生饱读诗书，语藏丰富，随便拣两句入联，即成佳联，可贵的是竟然珠联璧合，严丝合缝，浑然天成！郁先生同时还集另一联：芳草有情皆碍马；人间送别不宜秋!(集罗隐、张昱句)与此有异曲同工之妙。天纵英才,一般联家很难企及!

爽气自西来,放眼得十三湾烟景;
中原劳北望,从头溯九万里鹏程。

——题新加坡虎豹别墅挹翠亭

这是郁达夫题于新加坡挹翠亭的一副长联,上联状物写景,下联抒情,身在异国他乡的游子,仍念念不忘祖国,"中原劳北望",心系祖国的抗战大业,情真意切,爱国之心跃然纸上。同时,一个"劳"字,从字面看,还有呼吁和感谢当地华侨参加祖国抗日事业的意思,当时的历史背景是:世界反法西斯战争到了"最严峻的时候",中国军民的抗日战争,也到了如毛泽东所说的"战略相持阶段",异常严酷和艰难!郁达夫先生显然清醒地看到了这一点,抗日战争是一场争取民族解放国家独立的艰苦卓绝的战争,任重道远,因此,须"从头溯九万里鹏程"。

曾因酒醉鞭名马;
生怕情多累美人。

——《钓台题壁》

这是郁达夫脍炙人口的七律诗篇《钓台题壁》中的颔联。这首诗,郁达夫1931年1月23日写于上海,原来小序云:"旧友二三,相逢海上,席间偶谈时事,嗒然若丧,为之衔杯不饮者久之。或问昔年走马章台,痛饮狂歌意气安在耶?因而有作。"表现了当时写此诗的背景与动机,整首诗是在当时国民党的白色恐怖下,为感慨时事,担忧祖国命运的书愤之作,当时未发表,同年3月,题于严子陵祠壁。此联乍看似有些香艳气,其实不然,上联写在白色恐怖下,爱国有罪,愤世伤时之情不容正常流露,不能不托于佯狂,因而承认自己过去有过这样的狂态;下联写现在,如果感情太激动,纵谈放论,不加克制,就难免连累"美人"。这里的"情多",实际上是指感情激动;"美人"指交往甚密的一班朋友,当时最有可能的是鲁迅先生等人,鲁迅先生最为反动派所注目,曾遭密令通缉,而柔石等几个左翼作家竟惨遭杀害。这些都是使用了借喻手法,"美人香草,以喻君子",这在《楚辞》中早就惯用了的。

【拓展链接】

郁达夫撰联
岂有文章传海内;
欲将沉醉换悲凉。

——集杜甫、晏几道诗词自题

【注】上联改"惊"为"传"一字。

江山也要文人捧;
柳堤而今尚姓苏。

——题西湖苏堤

百气心事归平淡；
十载狂名换苎萝。

——集龚自珍、柳亚子诗题诸暨苎萝山西施庙

避席畏闻文字狱；
著书都为稻粱谋。

——摘龚自珍诗句述怀

芳草有情皆碍马；
春城无处不飞花。

——集罗隐、韩翃诗句

春风池沼鱼儿戏；
暮雨楼台燕子飞。

四面园林无限好；
一楼风月不胜情。

——题新加坡敬庐

三竺六桥九溪十八洞；
一茶四碟二粉五千文。

【注】上联为郁达夫据西湖风景作，下联为茶亭主人所报食单账目。

山静白云闲，辉耀一楼花萼；
澜澄沧海晓，望迷万顷烟波。

——题新加坡虎豹别墅中柱

天壤薄王郎，节见穷时，各有清名闻海内；
乾坤扶正气，神伤雨夜，好凭血债索辽东。

——挽兄郁华

第三桥是苏学士堤，问夹岸垂杨，可似老梅冷淡；
不数武有岳鄂王庙，慨中原战马，何如野鹤逍遥。

——题杭州孤山放鹤亭巢居阁

嗟月旦停评，伯牛有疾如斯，灵雨空山，君自涅槃登彼岸；
问人间何世，胡马窥江未去，明珠漏网，我为国家惜遗才。

——挽许地山

——叶圣陶——

【语文名片】

叶圣陶（1894年—1988年），作家，教育家，出版家。原名叶绍钧。江苏苏州人。早年当小学教师，并参加新潮社和文学研究会。1923年起开始从事编辑出版工作，主编或编辑过《文学周报》《小说月报》《中学生》《国文杂志》等。1931年"九一八"事变后投入抗日救亡活动。1946年后积极参加爱国民主运动。1949年后历任中央人民政府出版总署副署长兼编审局局长、教育部副部长兼人民教育出版社社长和总编辑、中央文史研究馆馆长、全国政协副主席等职。著有小说《线下》《倪焕之》，散文集《脚步集》《西川集》，童话集《稻草人》等，并编辑过几十种课本，写过十几本语文教育论著。

《苏州园林》《多收了三五斗》等入选语文教材。

【名联赏析】

生命何足重，妻子何足恋，刀锯何足畏，所争者真民主；
富贵不能淫，贫贱不能移，威武不能屈，此之谓大丈夫。

——叶圣陶、郭绍虞等挽李公朴、闻一多

1946年是风云突变的一年，人们分享抗战胜利的喜悦不久，中国的天空又出现一片阴霾。7月11日、7月15日，著名政治活动家、社会教育家李公朴先生，著名学者、诗人闻一多先生先后在昆明被特务用无声手枪杀害。噩耗传来，举世震惊。各党派团体、各界人士在上海、重庆、成都、昆明、延安等地举行哀悼李、闻二烈士的大会，沉痛追念为民主事业献身的英雄，强烈抗议反动派的血腥罪行。其间，不少挽联堪称情炽哀深、声切词佳之作。

叶圣陶等撰写的这副挽联，句多排比，结构整齐，全联气势倍增。下联用孟子名句讴歌争"真民主"之"大丈夫"，精练有力。

【拓展链接】

叶圣陶撰联
天高地迥；
心旷神怡。

——题长沙天心阁

得句疑人有；
看书不厌忘。

——集句对俞平伯

得失塞翁马；
襟怀孺子牛。

——赠友

雁山灵秀所钟；
烈士精神不朽。

——题浙江雁荡山烈士公墓安息亭

有子荷戈庶无愧；
为人推毂亦复佳。

——题某抗战家属春联

观钓颇逾垂钓趣；
种花何问看花谁。

——自题

信步园林，以诗酒自适；
小遗风范，而丘壑独存。

——集朱古徵词句赠谢国桢

一别判人天，永忆皆为三楚旅；
万方犹困厄，应悲不见九州同。

——挽吴梅

治许唯段桂严王是宗，由绚烂归平淡；
说易在阴阳爻象之外，化腐朽为神奇。

——代中国语文学会挽胡朴安

Y部

叶圣陶故居（上海）
寒岩枯木原无想；
野馆梅花别有春。

——李叔同

挽叶圣陶
识才育才，慧眼匠心，文苑卿云颂伯乐；
撰稿编稿，披肝沥胆，书林泪雨哭宗工。

——马萧萧

Z部

——庄　子——

【语文名片】

　　庄子(约公元前369年—公元前286年)，名周，战国中期宋国蒙（今河南商丘东北）人。著名的思想家、哲学家和文学家，道家学派的主要代表人物。庄子生平只做过漆园吏，因崇尚自由而不应同宗楚威王之聘。老子思想的继承和发展者。后世将他与老子并称为"老庄"。他们的哲学思想体系，被思想学术界尊为"老庄哲学"。庄子最早提出"内圣外王思想"，对儒家影响深远。代表作品为《庄子》，有《内篇》七篇,《外篇》十五篇,《杂篇》十一篇，共三十三篇，大部分是寓言。司马迁说："其著述十余万言，大抵率寓言也。"鲁迅说："其文则汪洋辟阖，仪态万方，晚周诸子之作，莫能先也。"
　　《秋水》《逍遥游》等入选语文教材。

【名联赏析】

庄子祠（蒙城）

斯人名作逍遥子；
此地长为道德乡。

——徐熙彦

庄子祠位于安徽省蒙城县县城北漆园办事处。道教庙宇。始建于北宋。后历遭兵燹，遂渐颓毁，所存无几。现存庄子祠是蒙城县政府在宋代庄子祠旧址上新建的，总占地面积52亩，总建筑面积1086平方米，全祠由祠堂建筑群与万树园两部分组成。主要建筑有大三门、影壁、山门、逍遥堂、古衡门、濮池、五笑亭、观台、观鱼桥、梦蝶楼、南华经阁、东西碑廊、道舍、客舍等。

此联写"斯人"——庄子，"此地"——蒙城。"逍遥子"，指的是庄子乃"千古逍遥第一人"，又暗指庄子的名篇《逍遥游》；"道德乡"，既指庄子的出生地蒙城，又暗指庄子道德文章。庄子是道家学派的代表人物，是老子思想的继承和发展者。联句简洁，概括精当。

【拓展链接】

庄子祠（蒙城）
我如逐利追名，岂可成仙得道；
君若安时处顺，也能返璞归真。

——徐熙彦

两间清净无双地；
千古逍遥第一人。

——魏烈廷

秋水流来，蝶为意化；
圣贤去后，像是人为。

——王天性

宇宙本无穷。信日月经天，江河行地，是几度春？几度秋？此笑立桥头，一任云从眼前过；
人生原有限！而轻如梦幻，壮似鹏程，则何为得？何为失？但能明道义，还看鱼在水中游。

——王天性

清静无为地；
逍遥自在门。

——吴之恒

寝不梦觉不忧安之时处之顺；
通乎道合乎德生若浮死若休。

不刻意而高,不道引而寿;
无功名而治,无仁义而修。

庄子祠(东明)
鱼跃蝶飞真解娱;
马蹄秋水显精神。

题庄子
看破生死界,识得天地心,梦里迷蝶知忘我;
学来养生法,去做逍遥游,濠上观鱼能齐物。

——诸葛亮——

【语文名片】

诸葛亮(181年—234年),字孔明,号卧龙,琅邪阳都(今山东沂南南)人,三国时期蜀汉丞相,杰出的政治家、军事家、散文家。在世时被封为武乡侯,死后追谥忠武侯,东晋政权因其军事才能特追封他为武兴王。其散文代表作有《出师表》《诫子书》等。于建兴十二年(234年)在五丈原(今宝鸡岐山境内)逝世。后世常以武侯、诸葛武侯尊称诸葛亮。诸葛亮一生"鞠躬尽瘁、死而后已",是中国传统文化中忠臣与智者的代表人物。

《出师表》等入选语文教材。

【名联赏析】

成都武侯祠

亲贤臣，国乃兴，当年三顾频烦，始延得汉家正统；
治大事，人为本，今日四方靡骋，愿佑兹蜀郡遗黎。

——冯煦

成都武侯祠在四川成都市南郊。西晋末年十六国时期李雄所建。后与刘备昭烈庙合并，名汉昭烈庙。康熙十一年（1672年）重新修建。武侯，即蜀汉诸葛亮。亲贤臣，见诸葛亮《出师表》："亲贤臣，远小人，此先汉之所以兴隆也。"亲，亲近。乃，才。三顾，见唐杜甫《蜀相》诗："三顾频烦天下计，两朝开济老臣心。"频烦，频繁，指反复咨询、商议。延，延接、延续。汉家，指刘氏的汉朝，此指蜀汉。正统，指一脉相承、统一全国的封建王朝为正统。汉建安二十五年（公元220），刘备称帝于蜀，国号汉，自称继汉正统。旧史以别于前后汉，称为蜀汉，又称季汉。明朝谢陛撰《季汉书》，尊蜀汉刘备为正统，以吴、魏为世家。治大事，人为本，化用刘备的话："夫济大事必以人为本。"本，事物的根基主体。四方靡骋，化自《诗经·小雅·节南山》："我瞻四方，蹙蹙靡所骋。"靡骋，本谓不能纵马奔驰。后以喻不能施展抱负。佑，助，保佑。蜀郡，指四川。遗黎，亡国之民。亦作遗民。联语构思工稳，化用诗文词句妥切，咏史论理，缅怀人物，寄意抒情，表达对诸葛亮的敬仰之忱。

四川成都武侯祠

能攻心则反侧自消,从古知兵非好战;
不审势即宽严皆误,后来治蜀要深思。

——赵藩

四川成都武侯祠,大殿内外,匾联甚多,其中最著名的就是赵藩此联。

上联赞颂诸葛亮的"攻心"战术的无比威力,并非"知兵""好战"。公元225年,诸葛亮率领大军讨伐南中地区叛乱势力,制定了"攻心为上,攻城为下"的原则,命令自己的军队在与孟获作战时,只能生擒不能伤害,曾七擒七放孟获。第七次释放孟获时,孟获说:"公,天威也,南人不复反矣!"可见"攻心"的正确。下联还侧面肯定了诸葛亮执法谨严、审时度势、实事求是、宽严结合的施政方针。清末,政治腐败,巴蜀也不例外,人民怨声载道。作者大声疾呼:"后来治蜀"者千万要"深思"啊!联语肯定了对的,批评了错的,指出了方向,喊出了蜀人的心声,因而赢得了广泛的赞誉,成了尽人皆知的名联。

心在朝廷,原无论先主后主;
名高天下,何必辩襄阳南阳。

——顾嘉蘅

这是清人南阳知府顾嘉蘅所撰所书的,原挂在南阳武侯祠。上联是说,诸葛亮一心为国,并不分君主是刘备还是阿斗;下联说诸葛亮名垂千古,为天下传诵赞扬,又何必分辨其出生地是襄阳、南阳呢？这既赞扬了诸葛亮的忠贞美德，又平息了人们长期以来对其出生地的争论不休。原来，诸葛亮在《出师表》中回忆自己未出茅庐时说"臣本布衣，躬耕于南阳"，但《三国志》上又有一个"隆中对"，隆中在湖北襄阳境内，而且也只是在出山之前。于是，南阳人和襄阳人都说诸葛亮是隐居在自己的家乡，文人学者纷纷引经据典争夺其出生地，互不相让，明清时期即打起了笔墨官司。此联一出，争论归于平息。

【拓展链接】

武侯祠（镇江）
千古江山联北固；
一庐风雪忆南阳。

卧龙岗武侯祠（南阳）
功盖三分延汉祚；
名垂千古仰威仪。

——赵连仁

运帷幄之筹谋，披肝沥胆，六经以来惟二表；
本圣贤者道范，寄命托孤，三代而下此一人。

——赵连仁

大文出师表；

胜地卧龙岗。

——于右任

可托六尺之孤，可寄百里之命，君之人欤？君子人也；
隐居以求其志，行义以达其道，吾闻其语，吾见其人。

——侯廷章

遗世仰高风，抱膝长吟，出处各存千载志；
偏安恢汉祚，鞠躬尽瘁，日月同悬二表文。

——龚浩

用之则行，舍之则藏，溯尼山邹峄而还，五百年必生名世；
为一不义，杀一不辜，虽千驷万钟弗受，三代下犹见斯人。

——刘镇华

地无论宛襄，有诸葛庐自堪千古；
统并存吴魏，读隆中对早定三分。

——黄剑三

成大事一生谨慎；
仰风流万古清高。

——茹桂集冯玉祥联句

忠怀万古出师表；
妙算三分卧龙岗。

——戴名贤

将相具全才，结吴伐魏续汉统；
医药怀妙术，调营和卫保民生。

——袁庚辰

云归大漠随舒卷；

门对寒流自古今。

出处动关天下计；
茅庐我也过来人。
——左宗棠

三顾频烦天下计；
一番晤对古今情。
——董必武

定三分，烧博望，出祁山，大名不朽；
气周瑜，屏司马，擒孟获，古今流传。
——张焕然

赤胆忠心，使天下名臣千秋魄动；
青山白水，招人间雅士万古神驰。
——刘保和

取二川，排八阵，六出七擒，五丈原明灯四十九盏，一心只为酬三顾；
平西蜀，定南蛮，东和北拒，中军帐变卦土木金爻，水面偏能用火攻。
心悬八阵图，初对策，再出师，共仰神明传将略；
目击三分鼎，东联吴，北拒魏，常怀谨慎励臣耕。

先生本天下才，世人莫知许也；
数语备当时事，将军岂有意乎。

梁父吟成高士志；
出师表见老臣心。

烧博望，平南蛮，出祁山，功垂宇宙；
拼司马，骂王朗，气周瑜，名振古今。

德深于众，名垂青史，江河行地；
功高于世，声震寰宇，日月经天。

武侯祠（清化）
望重南阳，想当年羽扇纶巾，忠贞扶季汉；
泽周西蜀，爱此地浣花濯锦，香火拥灵祠。

武侯祠（沁阳）
曰宫，曰殿，曰幸，且曰崩，诗史留题，千古犹存正统；
书吴，书魏，书汉，不书蜀，儒臣特笔，三分岂是偏安。

——鄂润泉

武侯祠（沙市）
三分筹策基荆楚；
两表精诚泣鬼神。

古隆中武侯祠（襄樊）
三顾频烦天下计；

Z部

两朝开济老臣心。

——陈维周集杜甫诗句

【注】武侯祠正殿龛门西侧亦有此联,为舒同集句。

伯仲之间见伊吕;
指挥若定失萧曹。

——陈维周

冈枕南阳,依旧田园淡泊;
统开西蜀,尚留遗像清高。

画三分,烧博望,出祁山,大名不朽;
气周瑜,辱司马,擒孟获,古今流传。

——李云

伯仲之间见伊吕;
先生有道出羲皇。

——黎天才

昔定三方筹策;
今启四海文心。
两表一对,鞠躬尽瘁酬三顾;
鼎足六出,威德咸孚足千秋。

——曹立庵

不做琅琊王,血洒西川视死如归;
甘当汉死臣,凌霄河场大义凛然。

——孟凝慎

语文对联大观

问鼎三分三顾地；
出师两表两朝心。

——闻钧天

三顾草庐知节操；
两出师表见精忠。

——王树人

草庐三顾，鼎足三分，不朽当年三义；
君臣一德，兄弟一心，无双后汉一人。

——静轩

诸葛大名垂宇宙；
隆中胜迹永清幽。

——董必武

智谋隆中对，三分天下；
壮烈出师表，一片丹心。

——陆定一

功盖三分国；
名成八阵图。

——王任重集杜诗

隆中对，出师表，壮志未遂，长使英雄泪；
三顾堂，梁父岩，遗址尚存，想见古人心。

——沈鹏

诸葛祠（灵川）

梁父吟成高士志；
出师表见老臣心。

诸葛大名垂宇宙；
宗臣遗貌肃清高。

鼎足三分，未免吞吴遗恨；
祁山六出，莫偿灭魏孤忠。

——朱自清——

【语文名片】

朱自清(1898年—1948年),原名自华,字佩弦,号秋实。现代中国著名诗人、散文家、学者,所著合编为《朱自清全集》。主要作品有《雪朝》《踪迹》《背影》《欧游杂记》《你我》《精读指导举隅》《略读指导举隅》《国文教学》《经典常谈》《诗言志辨》《论雅俗共赏》等。作为一位散文学家,朱自清以他独特的美文艺术风格,为中国现代散文增添了瑰丽的色彩,为建立中国现代散文全新的审美特征,创造了具有民族特色的散文体制和风格。朱自清的散文着力于揭示社会的黑暗、军阀的暴行和帝国主义的罪恶,对被压迫者、被损害者充满了热爱和同情,表现出他反帝反封建的民主主义思想、爱国主义的热情、人道主义的精神和正直诚实的性格。朱自清写得更多、也最为人们称道的则是写景抒情的篇什。这一类散文在艺术上呈现出多样而又统一的风格。

《春》《绿》《背影》《荷塘月色》《匆匆》《威尼斯》等入选语文教材。

【名联赏析】

题中堂

但得夕阳无限好；
何须惆怅近黄昏。

——朱自清

这是朱自清自题联。原句出自唐代李商隐《乐游原》："夕阳无限好，只是近黄昏。"意思是：夕阳虽然灿烂绚丽，然而它却临近黄昏。原本是"忧唐之衰""唐祚将沦"。作者则反其意而用之。作者在上联前加了"但得"二字，表示能得无限好的夕阳而感到欢欣和自豪，乐观昂扬之情跃然纸上。作者将下联"只是近黄昏"改为"何须惆怅近黄昏"，有什么值得为"夕阳"近黄昏而伤感和失望呢！这样就将历来被解作感伤迟暮、好景无多之意，改成了励志奋进的格言联，颇有感人的力量。

写白话文，传白话神，能使普天下读者如亲謦欬；
为青年师，向青年学，愿告吾辈中悫士共守仪型。

——郭绍虞

联语中的"謦欬"，语出《庄子》"昆弟亲戚之謦欬"，喻言笑之意；苏轼《龟山辩才师》："忽惊堂宇变雄深，坐觉风雷生謦欬。"董必武《读革命烈士诗钞》亦有句云："如闻謦欬精神振，展读遗篇识所归。""悫士"，语出《荀子》，意为忠诚之士。仪型即"仪刑"，指法式，亦指效法；以之为模范。白居易《襄州别驾府君事状》："皆景慕而仪刑焉。"此联热情赞美了朱自清先生的卓越文品和完美人格，并号召人们努力学习。

言行惟经典常谈，师表真堪垂后世；
文章则雅俗共赏，才名自合冠群伦。

——全国文联挽

抗日战争时期，朱先生在西南联大授课，曾为青年后学写过一本古典文学知识读物，书名即为《经典常谈》，内容新颖独到，语言深入浅出。朱自清先生始终追求真理，追求进步，追求光明，有着动人的民族气节和高尚的爱国情操。毛泽东主席在《别了，司徒雷登》一文中赞扬道："朱自清一身重病，宁可饿死，不领美国的'救济粮'""表现了我们民族的英雄气概"。而先生的散文名篇早已家喻户晓，脍炙人口。这确可"垂后世""冠群伦"。

【拓展链接】

挽朱自清联
教书三十年，一面教一面学，向时代学，向青年学，生能如斯，君诚健者；
生存五一载，愈艰苦愈奋斗，与丑恶斗，与暴力斗，死而后已，我哭斯人。

——许德珩

长向文坛瞻背影；
从教黉学缀弦声。

——上海开明书店同人

十七年患难夫妻，何期中道崩颓，撒手人寰成永诀；
八九岁可怜儿女，岂意髫龄失恃，伤心此日恨长流。

——（夫人）陈竹隐

——臧克家——

【语文名片】

臧克家(1905年—2004年),山东诸城人,中国现代诗人。民盟成员、历任上海《侨声报》文艺副刊、《文讯》月刊、《创造诗丛》主编,又曾任新闻出版总署编审、人民出版社编审,《诗刊》主编、编委、顾问,中国写作学会会长,中国文联委员,中国作家协会理事及名誉副主席,2004年2月5日在北京逝世,享年九十九岁。自1937年出版第一本诗集《烙印》后,陆续出版有《罪恶的黑手》《自己的写照》《运河》等十多部著作。2000年1月获首届"中国诗人奖——终身成就奖"。2003年获由国际诗人笔会颁发的"中国当代诗魂金奖"。

《有的人——纪念鲁迅有感》《老马》入选语文教材。

【名联赏析】

凌霄羽毛原无力；
坠地金石自有声。

——自题

这是臧克家晚年流传甚广的诗句。率真疏放的诗人性情，臧克家保持了一生。

1984年臧克家在《湖湘诗萃》创刊号上发表了一首哲理诗《重与轻》：万类人间重与轻，难凭高下作权衡。

上联写羽毛凭借外力可以凌空飞舞，下联写金石掉到地上自然发出响声。诗联中的"坠地金石"是正面形象，"凌霄羽毛"是反面形象。诗人将两者进行对比和权衡，讴歌了"坠地金石"，否定了"凌霄羽毛"，从而揭示出"高高在上的不一定贵重，脚踏实地的不一定轻微"这一发人深思的哲理，具有很强的说服力和艺术感染力。

大河百代，众浪齐奔，淘尽万方英雄汉；
词苑千载，群芳竞秀，盛开一枝女儿花。

——济南李清照纪念堂

李清照被称为"一代词宗"，是封建时代为数不多的优秀女作家之一。她诗词文赋无所不通，而尤以词闻名于世。她的词无论是感情、形象的表现手法，还是语言的锤炼都自然真实，几近完美。在艺术风格上，清照的词以通俗易懂、明白如话为特点，被人称为"易安体"。李清照词中突出的个性和成就，以及对艺术技巧的完善，奠定了她在词史上一流作家的地位，取得了"不徒俯视巾帼，直欲压倒须眉"的成就。

臧克家不仅爱诗，也喜爱对联。此联是应济南李清照纪念堂所写。李清照原籍山东济南，是宋代杰出女词人，也是臧克家心仪的一位古代诗词大家。

【拓展链接】

臧克家撰联
狂来欲碎玻璃镜；
还我青春火样红。

眉山巍峨三峰碧；
岷水苍茫一片蓝。
——四川眉山三苏祠

酒胆海样大；
诗才天比高。
——题李白纪念馆

双肩国运重；
巨手三山倾。
——题毛泽东百年诞辰

万里江山民作主；
千年帝制逐东流。
——纪念辛亥革命八十周年及南社成立八十二周年

老牛亦解韶光贵；
不待扬鞭自奋蹄。
——题湖北向阳湖中国文化名人碑林

碧海掣鲸望巨擘；
云天张翼仰高鹏。
——赠友

力挽山河，浩气贯日月，空余英雄心一颗；
名垂宇宙，文光射斗牛，剩有悲壮词千篇。
——题辛稼轩纪念祠

救国有心，嗟壮志未酬，捷报频传身竟死；
回天无力，恨权柄构陷，长城自毁罪难逃。
——题汤阴岳飞纪念